1日の半量が1皿で!

1/2日分

の

野菜レシピ

小田真規子

JN082648

女子栄養大学出版部

はじめに

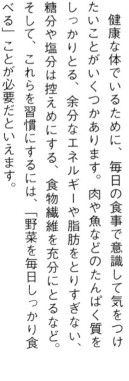

健康な体でいるために、毎日の食事で意識して気をつけたいことがいくつかあります。肉や魚などのたんぱく質をしっかりとる、余分なエネルギーや脂肪をとりすぎない、糖分や塩分は控えめにする、食物繊維を充分にとるなど。そして、これらを習慣にするには、「野菜を毎日しっかり食べる」ことが必要だといえます。

おもに副菜となる野菜は、肉や魚の主菜をおいしく食べるための促進剤になったり、緩衝材になったりします。野菜をよく噛んで食べることは満足感をもたらし、エネルギーや脂肪をとりすぎることを防いだり……といったぐあいに、間接的に大事な役割を果たします。もちろん、野菜そのものの栄養をとることはとても大事で、おろそかにすることはできません。とはいえ、野菜をしっかりとることが絶対によいとわかっていても、続けるにはなかなかむずかしいのが毎日の食生活です。

でも、その解決策はいくつかあります。一つは、β-カロテンやビタミンC、ビタミンEの豊富な野菜をいくつか覚えて、少しずつでも毎日何回かに分け、食べるようにすること。これを習慣にすることで、少量であっても効率よく必要な栄養をとることにつながります。

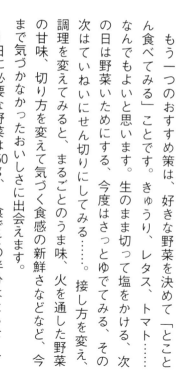

もう一つのおすすめ策は、好きな野菜を決めて「とことん食べてみる」ことです。きゅうり、レタス、トマト……なんでもよいと思います。生のまま切って塩をかける、次の日は野菜いためにする、今度はさっとゆでてみる、その次はていねいにせん切りにしてみる……。接し方を変え、調理を変えてみると、まるごとのうま味、火を通した野菜の甘味、切り方を変えて気づく食感の新鮮さなどなど、今まで気づかなかったおいしさに出会えます。

1日に必要な野菜は350ｇ、1食でその半分はとらなくては……と思うと少し高いハードルかもしれませんが、おなじみの野菜に新たな味わいを見つけようと思えば、野菜料理にもちょっとワクワクしてきませんか。本書は、1つの野菜のいろいろな食べ方からそれぞれのおいしさを発見し、日ごろの食生活に1品でも多くとり入れていただくためのガイドブックです。よりおいしく食べていただくトリセツも加えました。

こんなに食べられるかなぁって？　意外と「ぺろり」といけちゃいますよ。

小田真規子

3

目次　contents

5

おいしくてぺろり♪
栄養もとれちゃう。
野菜がもっと好きになる
70品を大公開！

1/2日分の野菜がとれる料理のコツ

おいしく食べていますか？

1日に食べたい野菜は350ｇで、1/2日分は175ｇ。量が多いように感じますが、くふうしだいで1/2日分の野菜がぺろり。その5つのコツをご紹介します。

コツ 1

加熱してかさを減らす

　葉物野菜は、ゆでる、煮る、焼く、いためるなどの加熱でかさが減り、食べやすくなります。トマトやなす、玉ねぎなどは加熱で食感や味が変化し、1/2日分がなんなく食べられます。

コツ 2

塩もみをして
水分をほどよく抜く

　塩もみも加熱と同様に、野菜のかさを減らして食べやすくします。心地よい噛みごたえになったり、下味をつけて調味料とのなじみをよくしたりなどの効果もあります。

コツ 3

切り方をくふうする

　大きめに切る、繊維を斜めに切る、乱切りにして表面積を広げる、切り込みを入れるなど、切り方によって火の通りや味のからみ方が異なり、新鮮な味わいに仕上がります。

野菜350gの内訳は？

厚生労働省が推奨する「健康日本21」では健康増進の観点から、1日に350g以上の野菜を食べることを目標にしています。さらに「緑黄色野菜120g以上と淡色野菜を合わせて350g」がすすめられています。

女子栄養大学の食事法「四群点数法」も同様に、1日に必要なエネルギーと栄養素を摂取するために野菜の目安量を350g以上とし、きのこや海藻も淡色野菜の仲間として1日の摂取量を30〜40gとしています。

本書では「健康日本21」に合わせ、野菜のみで1/2日分がとれるレシピを考案しました。もちろん、きのこや海藻も食物繊維の重要な供給源なので、意識して食べたい素材です。

コツ4

火の通りぐあいを変える

大きめに切って焼くと、野菜の外側と内側、葉つき側と反対側などで加熱の違いを楽しむことができます。たとえば、外側はカリカリ、内側はジューシー、など。また、野菜をさっと半生程度に加熱して食感を残すのも一案です。

コツ5

電子レンジもうまく活用

手軽に作ることも、野菜がたっぷり食べられるコツです。電子レンジ加熱は、なべなどが不要で短時間加熱ができて便利。加熱によって野菜から出てくる甘い水分が料理の味を作る利点もあります。

12ページからは、野菜ごと、料理ごとに1/2日分が食べられるコツをご紹介します

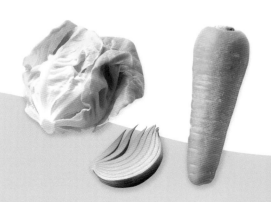

その料理でとれる1人分の野菜の量を写真で示します。

写真の量の野菜からとれる代表的な栄養素と、どのくらいとれるかを円グラフで示します※。
※30〜49歳女性の食事摂取基準をベースにしています。

食べやすさ、使いやすさも加味して、各野菜の1/2日分の量を写真で示しています（175g以下の場合、ほかの野菜も合わせて175g以上になっています）。

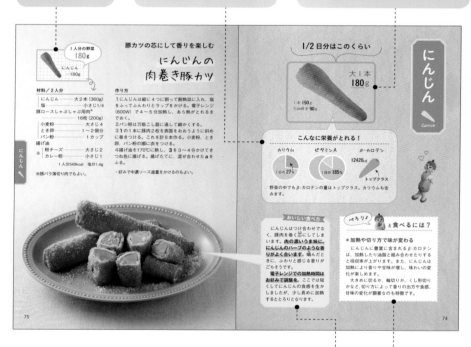

1人分の野菜 180g
にんじん……180g

豚カツの芯にして香りを楽しむ
にんじんの肉巻き豚カツ

材料／2人分
にんじん	大2本 (360g)
塩	小さじ1/4
豚ロースしゃぶしゃぶ用肉※	16枚 (200g)
小麦粉	大さじ4
とき卵	1〜2個分
パン粉	1カップ
揚げ油	
a 粉チーズ	大さじ2
a カレー粉	小さじ1

1人分549kcal 塩分1.4g
※豚バラ薄切り肉でもよい。

作り方
1 にんじんは縦に4つに割って耐熱皿に入れ、塩をふってふんわりとラップをかける。電子レンジ(600W)で4〜5分加熱し、あら熱がとれるまでおく。
2 パン粉は万能こし器に通して細かくする。
3 1の1本に豚肉2枚を表面をおおうように斜めに巻きつける。これを計8本作る。小麦粉、とき卵、パン粉の順に衣をつける。
4 揚げ油を170℃に熱し、3を3〜4分かけてつね色に揚げる。揚げたてに、混ぜ合わせたaをふる。

・好みで中濃ソース適量をかけるのもよい。

1/2日分はこのくらい

大1本 180g
1本 150g
5cm分 90g

こんなに栄養がとれる！

カリウム	ビタミンA	β-カロテン
1日の27%	1日の185%	12420μg トップクラス

野菜の中でもβ-カロテンの量はトップクラス。カリウムも含みます。

にんじん Carrot

おいしい食べ方
にんじんはつけ合わせでなく、豚肉を巻く芯にしてしまいます。肉の濃い旨味に、にんじんのハーブのような香りがよく合います。塩分だときに、ふわりと感じる香りがごちそうです。
電子レンジでの加熱時間はお好みで調整を。ここでは短くしてにんじんの食感を生かしましたが、少し長めに加熱するととろりとなります。

ぺろりと食べるには？
●加熱や切り方で味が変わる
にんじんに豊富に含まれるβ-カロテンは、加熱したり油脂と組み合わせると吸収率が上がります。また、にんじんは加熱により香りや甘味が増し、味わいの変化が楽しめます。
大きめに切るか、輪切りか、くし形切りかなど、切り方によって香りの出方や食感、甘味の変化が顕著なのも特徴です。

レシピの見方
・レシピの重量は、正味重量（皮、骨、殻、芯などの食べない部分を除いた、実際に口に入る重さ）で示しています。
・1カップは200mL、大さじ1は15mL、小さじ1は5mL、ミニスプーンは1mLです（標準計量カップ・スプーンの重量表はカバー袖）。
・塩は「小さじ1＝6g」のものを使用しました。
・フライパンはフッ素樹脂加工のものを使いました。
・電子レンジは600Wのものを使用しました。お使いの電子レンジのワット数がこれよりも大きい場合は加熱時間を短めに、小さい場合は長めにしてください。

野菜の特徴を知って1/2日分がぺろりと食べられるコツをご紹介します。

料理の特徴やおいしさアップ術をくわしく解説します。

野菜が ぺろり♪ のレシピ集

1/2日分の野菜をおいしく食べることもたいせつ。特徴、栄養、調理によって変わる味わいなど、野菜の魅力を余すところなくご紹介します。

Let's Try!

1/2 日分はこのくらい

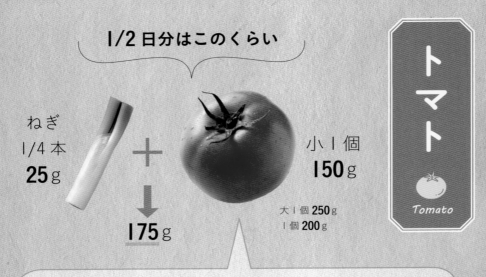

ねぎ
1/4 本
25g

＋

小 1 個
150g

大 1 個 250 g
1 個 200 g

↓

175g

トマト
Tomato

こんなに栄養がとれる！　トマト 150g あたり

カリウム
1 日の **16**%

ビタミンC
1 日の **23**%

リコピン
（赤の色素成分）
たっぷり！

リコピンとビタミン C が豊富。リコピンは抗酸化作用（体内の細胞の老化やがん化をおさえる働き）を持ちます。カリウムも多く含みます。

おいしい食べ方

　火の通りが速いトマトはくし形に切るのがポイント。**大きめに切ると、種のまわりのうま味の部分の水分が流れ出ず**に香ばしく焼きつけることができ、トマトの甘味が引き立ちます。

　こしょうを加えた調味料をしっかり煮立てることで香りと辛味にパンチが出て、フライパンについたトマトのうま味と合わさり、味がまとまります。

ぺろり♪　　と食べるには？

●種のまわりがおいしい！

　トマトは種のまわりにグルタミン酸（うま味成分）が多く、ほどよい酸味と甘味が特徴です。切り方をくふうすることでその感じ方を変えたり、うま味を逃しにくくなったり、食べやすくなったりします。

　生でも食べられるので、1/2 分をクリアしやすい野菜です。健康や美容の面で注目される抗酸化作用が期待できるのも利点です。

トマト
…150g

1人分の野菜
175g

ねぎ
…25g

くし形切りでうま味を逃がさない

トマトと牛肉の黒こしょういため

材料／2人分

トマト	小2個 (300g)
ねぎ	1/2本 (50g)
牛こま切れ肉	200g

a
しょうゆ	小さじ1
ごま油	小さじ1
かたくり粉	大さじ1

ごま油	小さじ2

b
酢	大さじ2
しょうゆ	大さじ1
あらびき黒こしょう	小さじ1

1人分413kcal 塩分1.9g

作り方

1 トマトは6等分のくし形切りにする。ねぎは斜めに8mm幅に切る。

2 牛肉は**a**を加え混ぜる。**b**は混ぜ合わせる。

3 フライパンに半量のごま油を中火で熱し、牛肉をほぐしながら加えて1分焼く。上下を返してさらに1分焼いてとり出す。

4 フライパンをきれいにして残りのごま油を熱し、**1**を加えて強火で2分焼く。上下を返すようにさっといためて中央をあけ、あけた所に**b**を加えて煮立てる。

5 牛肉を戻し入れ、強火で1〜2分、水分をとばすように全体をいためて味をからめる。

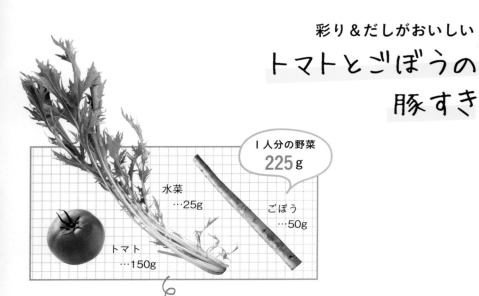

彩り＆だしがおいしい

トマトとごぼうの豚すき

1人分の野菜
225g

水菜
…25g

ごぼう
…50g

トマト
…150g

おいしい食べ方

　しょうゆとみりんと砂糖のシンプルな調味料の組み合わせに、トマトのうま味を加えます。**具でもあり、彩りでもあるトマトは、種のまわりのグルタミン酸がだしにもなります。** また、ほどよい酸味が味を引き立て、後味もさっぱりします。

　水菜の代わりにクレソンやベビーリーフなどを加え、仕上げにチーズを加えるのもおいしいアレンジです。

材料／2人分

トマト…… 小2個（300g）
ごぼう…… 小1本（100g）
豚バラ薄切り肉※
　………………150〜200g
ごま油………… 大さじ1

a
水…………1/3カップ
しょうゆ
　…………1/3カップ
みりん……1/3カップ
砂糖……… 大さじ1
にんにく（5mm角に
切る）……… 2かけ

水菜………………… 50g
卵…………………… 2個

　1人分573kcal　塩分3.1g

※豚肩ロース薄切り肉でもよい。

作り方

1 トマトは6等分のくし形切りにする。ごぼうはよく洗ってピーラーで15cm長さの帯状に削り、5分ほど水にさらして水けをきる。
2 豚肉は半分の長さに切る。
3 水菜は4cm長さに切る。
4 フライパンにごま油を中火で熱し、**2**を広げて2分ほど焼く。色が変わり始めたらさっといためて片側に寄せ、**1**を順に加える。
5 **a**を加えて強火で煮立て、そのまま2〜3分煮る。上下を返すようにさっと混ぜ、ごぼうに火が通ったら水菜を加え、火を消す。
6 器に盛り、別の器に卵を割り入れて添える。ときほぐした卵につけて食べる。

大きく切ってみずみずしく

トマトたっぷり
アクアパッツァ

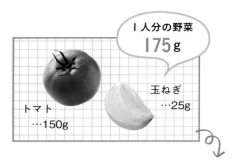

1人分の野菜
175g

トマト
…150g

玉ねぎ
…25g

おいしい食べ方

　タラ、トマト、オリーブ油の香味を組み合わせた、手軽で最強のイタリアン。トマトは角切りにするよりも、**大きめに切ってゆっくり火を通す**ほうが、**フレッシュなトマトソース感**を味わえます。トマトの一部を、半分に切ったミニトマトに代えるのも◎。さらに味が濃厚になり、彩りも華やかになります。

　魚は、タイやアジなどもおすすめです。

材料／2人分

トマト……小2個（300g）
玉ねぎ………1/4個（50g）
にんにく…………1/2かけ
　生ダラ
　　… 2切れ（200～250g）
　塩…………小さじ1/4
　こしょう…………少量
オリーブ油…… 大さじ1
　　塩…………小さじ1/2
a　白ワインまたは水
　　………1/4カップ
オリーブ油…… 大さじ2
パセリのみじん切り
　……………… 大さじ1

1人分302kcal　塩分2.5g

作り方

1 トマトは6等分のくし形切りにする。玉ねぎは薄切りに、にんにくはみじん切りにする。

2 タラは塩とこしょうをふる。

3 フライパンにオリーブ油大さじ1を中火で熱し、**2**の両面を2分ずつ焼く。まわりに**1**を入れ、**a**を加えて煮立ったらやや弱火にして10分煮る（途中でトマトの上下を返す）。

4 オリーブ油大さじ2をふり入れて軽く混ぜる。皿に盛ってパセリを散らす。

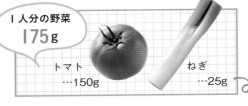

1人分の野菜
175g

トマト
…150g

ねぎ
…25g

輪切りで甘味を堪能！

トマトのたたき風

おいしい食べ方

トマトの甘味とうま味を充分に感じるには、**1cm厚さの輪切り**にして味わうのがおすすめ。種のまわりの、**濃厚なうま味の部分をまず舌先が感じる**からです。

また輪切りにすることで、トマトにかける**調味料がまんべんなく全体に行きわたる利点**もあります。

材料／2人分

トマト…… 小2個（300g）
ねぎ…………1/2本（50g）
青じそ………………… 6枚
おろししょうが
………………… 1かけ分

a { しょうゆ‥大さじ1
オリーブ油
………… 小さじ2

1人分83kcal　塩分1.3g

作り方

1 トマトは1cm厚さの輪切りにし、器に並べる。
2 ねぎは縦半分に切ってから斜め薄切りにし、さっと水にくぐらせて水けをきる。
3 青じそは5mm角に切る。
4 2を1の上に盛り、3としょうがを全体に散らす。aを混ぜてかける。

たっぷりトマトのだしがからむ

おろしトマトの そうめん

1 人分の野菜
200g

トマト
…150g

きゅうり
…50g

おいしい食べ方

すりおろしたトマトのざくざくとした種の部分のとろみが、**そうめんによくからみます。**

トマトの実の一部が少し大きいまま入っていてもご愛嬌。かためのトマトなら少し砂糖を加えてください。

材料／2人分

トマト（よく熟したもの）
……… 小2個（300g）

a	塩………小さじ1/2
	しょうゆ…小さじ2
	ごま油……小さじ1

そうめん……… 乾200g
きゅうり… 1本（100g）
青じそ……… 4〜5枚

1人分231kcal　塩分2.6g

作り方

1 トマトはへたがついていないほうからすりおろし、**a**を混ぜ合わせる。

2 きゅうりは斜め薄切りにしてからせん切りにする。青じそは2枚は切らずにそのまま残し、残りはせん切りにする。

3 そうめんはたっぷりの熱湯で袋の表示どおりにゆで、冷水にとってよく冷やし、ざるにあげて水けをきる。

4 器に**3**を盛って**2**を添える。**1**につけて食べる。

Point

トマトのおしりのほうからすりおろすとうまくいきます。

1/2日分はこのくらい

1/8 個
175g

1個 **1400**g
1枚 **80**g

キャベツ

Cabbage

こんなに栄養がとれる！

カリウム
1日の **18**%

カルシウム
1日の **12**%

ビタミンC
1日の **72**%

外葉にはビタミンAが、芯に近い部分はビタミンCが豊富。ビタミンK、カルシウムも野菜の中では比較的多く含まれます。

おいしい食べ方

　キャベツがパスタと同じくらいの存在感になるよう、2cm幅に切るのがポイント。パスタといっしょに、**キャベツは少しやわらかめにゆで、そのうま味を行きわたらせます**。キャベツにからむゆで湯によってオリーブ油が乳化するよう、作り方**5**で手早く混ぜ合わせて仕上げます。

べろり♪ と食べるには？

● 塩の働きと低温加熱の効果

　外葉にはほのかな苦味があり、芯の部分にはアブラナ科の野菜特有のそこはかとない辛味がありますが、全体的に甘味が多く、塩をからめたりすることで味わいが変わります。

　加熱でかさが減りやすいので、1/2日分が食べやすいのも利点。アブラナ科の野菜は80℃程度の加熱で酵素が活性化してうま味が増すので、高温にならないように、弱火でじっくり加熱するのがおすすめです。

20

1人分の野菜
175g

キャベツ
…175g

キャベツの水分で油を乳化

キャベツたっぷり
ペペロンチーノ

材料／2人分

キャベツ…………………1/4個（350g）
スパゲティ ………………… 乾150g
にんにくのみじん切り
a …………………………… 2かけ分
オリーブ油………… 大さじ4
パセリのみじん切り…… 大さじ2
赤とうがらしの小口切り…1本分
塩 ……………………… 小さじ1/2
ツナ油漬け缶詰め ‥ 小1缶（70g）

1人分645kcal　塩分3.1g

作り方

1 キャベツは2cm幅に切る。

2 a は混ぜて10分ほどおく。

3 スパゲティは1％の塩を加えた湯でゆで、袋の表示時間の3分前になったら **1** を加え、ゆでる。

4 フライパンに **2** を入れて弱火にかけ、にんにくにうすい焼き色がついたらパセリを加えてひと混ぜし、赤とうがらしを加え混ぜる。

5 **3** のゆで上がり時間の1分前になったら、スパゲティとキャベツをトングで引き上げては **4** に加えて手早くあえ、塩を加えて混ぜる。器に盛り、ツナを添える。

キャベツ

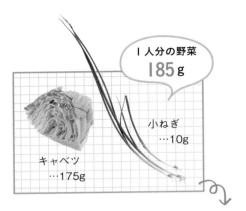

1人分の野菜
185g

小ねぎ
…10g

キャベツ
…175g

80℃加熱がおいしさのカギ

キャベツとアサリと鶏肉のバター蒸し

おいしい食べ方

　キャベツは80℃くらいの加熱でうま味が増すので、**「蒸す」調理法はうってつけ**。芯に近い部分や葉と葉の間に、アサリのコハク酸（うま味成分）と鶏肉の濃厚なだしがしみ込むので、くし形切りにして、**ぜひ芯をつけたままで調理を！**

　蒸したてのときと、あら熱がとれたとき、それぞれのキャベツの甘味も体験してみてください。

材料／2人分

キャベツ…1/4個（350g）
アサリ（砂出ししたもの）
　……… 殻つき約250g※
鶏もも肉
　………1/2枚（125g）
塩・こしょう…各少量
バター……………… 10g
a｜塩………小さじ1/2
　｜白ワインまたは水
　｜………… 大さじ2
小ねぎ……… 5本（20g）

1人分234kcal　塩分2.9g

※殻をはずした正味重量は100g。

作り方

1 キャベツは2等分のくし形に切り、さらに長さを半分に切る。

2 鶏肉は4等分に切り、塩とこしょうをふる。

3 フライパンに**1**を置いてまわりにアサリと**2**を並べ、バターを散らして**a**をふり、ふたをして中火にかける。煮立ったら少し火を弱め、10分加熱する。

4 器に盛り、小ねぎを小口切りにして散らす。

バターと塩でしっかりおいしい！

22

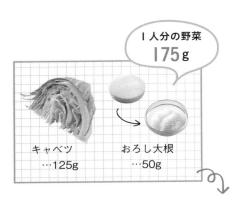

1人分の野菜
175g

キャベツ
…125g

おろし大根
…50g

甘味も引き出す塩もみ効果

塩もみ
キャベツの
つくね

おいしい食べ方

　ギョーザの具を作る要領で**キャベツを塩もみ**すると、**かさが減って食べやすい**だけでなく、**甘味とトロッとしたやわらかさを引き出す**ことができます。
　ひき肉とほぼ同量のキャベツを加えることで、軽い食感の適度な嚙みごたえに。味わいも濃厚かつ軽やかで、**たっぷり食べてもヘルシー**で罪悪感なしです。

材料／2人分

キャベツ		250g
a	塩	小さじ1
	水	大さじ2〜3
b	豚ひき肉	200g
	小麦粉	大さじ3
サラダ油		大さじ1
c	水	大さじ2
	しょうゆ	大さじ1 1/2
	砂糖	小さじ2
青じそ		2枚
おろし大根		100g

1人分409kcal　塩分2.7g

作り方

1 キャベツは8mm幅に切り、さらにあらく刻む。**a**を混ぜてもみ、しんなりとなったら汁けを絞る。

2 ボールに**1**と**b**を入れ、粘りけが出るまで2分ほど練り混ぜ、6つに分ける。

3 フライパンにサラダ油を入れて中火で軽く熱し、**2**を丸く形作りながら並べる。3〜4分焼き、さらに裏返して3〜4分焼く。

4 余分な油をふきとり、**c**を混ぜて加え、1分ほど煮からめる。

5 器に盛り、青じそと汁けを軽くきったおろし大根を添える。

Point

肉がつなぎかと思うくらい、キャベツがたっぷりです。

１人分の野菜
175g

キャベツ
…175g

火の通りぐあいを楽しむ
焼きキャベツ

くし形に切った片面を、少なくとも３〜４分ずつ焼いて、**キャベツの葉のひだにしっかり焼き色**をつけるのがおいしさへの近道。焦げた部分、ほどよく火が通った部分、半生の部分と、**さまざまな火の通りぐあいが合わさったキャベツ**のおいしさも味わいましょう。

材料／２人分

キャベツ…1/4個（350g）
オリーブ油…… 大さじ２

a
| カレー粉‥ 小さじ１
| 塩………… 小さじ1/2
| 砂糖…… ひとつまみ

１人分156kcal　塩分1.5g

作り方

1 キャベツは３〜４等分のくし形に切る。

2 フライパンにオリーブ油を入れて中火で熱し、**1** を並べる。両面を３〜４分ずつ、焼き色がつくまで焼く（キャベツのひだの間から蒸気が上がるまで熱をためて焼き、むやみにひっくり返さないのがコツ）。

3 器に **2** を盛り、混ぜ合わせた **a** を添える。

作りおき
OK!
冷蔵で
1週間

きゅうり…50g

キャベツ
…125g

にんじん
…15g

1人分の野菜
190g

時間が味を作る

キャベツの水キムチ

おいしい食べ方

野菜に塩や塩水をからめたときから**乳酸発酵がスタート。おいしい味作りが始まり**ます。はちみつや酢により早くから味に一体感が生まれるので、短時間ででき上がるクイックキムチになりますが、**3日以上**おくことで**味わいがいっそう明確に変化**します。

材料／2人分

キャベツ		250g
きゅうり		1本（100g）
にんじん		30g
a	塩	大さじ1/2
	水	1/2カップ
b	水	1/2カップ
	はちみつ	大さじ2
	酢	大さじ1
	塩	小さじ2/3
	豆板醤（とうばんじゃん）	小さじ1/2〜1
	おろししょうが	1かけ分（10g）
	おろしにんにく	1かけ分（10g）

1人分80kcal　塩分2.1g

作り方

1 キャベツは4cm角に切る。きゅうりは5cm長さに切り、さらに縦に4つ割りにする。にんじんはせん切りにする。

2 1をポリ袋またはボールに入れ、**a**を加え混ぜて1時間おく。

3 2の汁けを軽く絞り、**b**と合わせてよく混ぜる。保存容器などに入れ、3時間以上おいて味をなじませる。

1/2日分はこのくらい

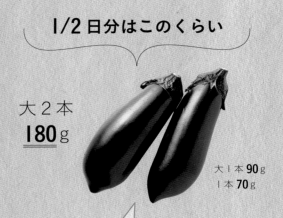

大2本
180g

大1本 **90g**
1本 **70g**

なす
Eggplant

こんなに栄養がとれる！

食物繊維
1日の**22%**

カリウム
1日の**20%**

水分
約**93%**

なすはほとんどが水分で、ビタミンやミネラルは少ないものの、抗酸化作用を持つアントシアニン（紫の色素成分）が豊富です。

おいしい食べ方

充分に火を通して、2本一度にぺろりといただくには、**皮の細かい切り込みが必須**です。「だしつゆ」は、削りガツオを加えて煮立て、濾さずにそのままかけることで、**皮の切り込みに削りガツオがからんで短時間で味がなじみ**ます。たっぷりのしょうがのすりおろしを加えると味がさらに変化し、飽きることがありません。

 と食べるには？

● 「油がらめ」がポイント

かたくしっかりした皮と、スポンジのようなふっくらとした実の食感の違いがおいしいなす。

油との相性がとにかくよいので、ぜひ組み合わせてみて。思いのほか油を使ってしまう、という懸念は「油がらめ」で解消できます。なすは切るなどし、1本につき大さじ1/2～1の油をからめて低温から焼き始めると、油の使用がおさえられます。加熱がじっくり行なわれてうま味が濃くなり、特有のとろみが増してきます。

1人分の野菜
180g

なす
…180g

作りおき
OK!
冷蔵で
3日間

皮の切り込みが時短調理のポイント

なすと鶏肉の
焼き浸し

材料／2人分

なす………………… 大4本（360g）
鶏もも肉………… 1枚（250g）
小麦粉……………… 大さじ1
サラダ油…………… 大さじ3
a
水…………………… 1/3カップ
しょうゆ…… 大さじ2 1/2
みりん…………… 大さじ2
削りガツオ… 1パック（5g）
おろししょうが……………… 適量

1人分533kcal　塩分2.9g

なす

作り方

1 なすは縦半分に切り、皮目に細かく切り目を入れる。

2 鶏肉は余分な脂を除いて8等分に切り、小麦粉をまぶす。

3 フライパンに**1**と**2**を並べてサラダ油をからめる。中火にかけて焼き色がつくまで5～6分焼き、上下を返して5～6分焼く。器に盛る。

4 小なべに**a**を入れて火にかけ、1分ほど煮立てる。**3**にかけ、しょうがをのせる。

・好みで七味とうがらしをふるのもよい。

29

なすも鶏肉もやわらかく加熱する

焼きなすと蒸し鶏のエスニックマリネ

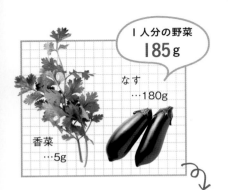

1人分の野菜
185g

なす
…180g

香菜
…5g

おいしい食べ方

なすの輪切りは厚さ2cm程度がちょうどよい火通りに。焼き色がしっかりつき、エスニックの香りともマッチします。切り口から、**からめた油がふつふつと出てきて**、菜箸でつまんだときにぎゅっと縮むと、**実がとろとろになった合図**です。

合わせる鶏肉は厚みをのして、電子レンジ加熱のあと余熱で火を通します。充分やわらかくなり、なすの食感ともよく合います。

材料／2人分

なす…… 大4本（360g）
にんにく………… 2かけ
サラダ油……… 大さじ4
鶏胸肉… 1枚（200g）

a
酒……… 大さじ2
水……… 大さじ2
塩……… 小さじ1/2

b
酢……… 大さじ3
砂糖……… 大さじ2
水……… 大さじ2
ナンプラー※
……… 大さじ1 2/3
ごま油…… 小さじ1
赤とうがらしの小口
切り……… 1本分

香菜（2cm長さに切る）
……………………… 10g

1人分462kcal　塩分2.6g

※うす口しょうゆで代用できる。

作り方

1 なすはところどころ皮をむいて2cm厚さの輪切りにする。にんにくは5mm厚さに切る。

2 フライパンに **1** を入れ、サラダ油をからめて中火にかける。切り口から油がふつふつしてきたら上下を返し、焼き色がつくまで焼く。

3 鶏肉はラップをかぶせ、厚みのある部分をめん棒などで50回程度たたく。耐熱皿に入れ、**a** を加えて軽くもみ、ふんわりとラップをかけて電子レンジ（600W）で5分加熱する。ラップをはずして鶏肉の上下を返し、ぴっちりとラップをかけてそのまま10分おく。

4 ボールに **b** を混ぜる。

5 鶏肉はほぐし、蒸し汁をからめる。**2** と合わせ、**4** に入れてさっと混ぜ、香菜を散らして20分ほどおく。

なすにひき肉のうま味と脂けを移す

なすの角切りカレー

作りおき
OK!
冷蔵で
1週間

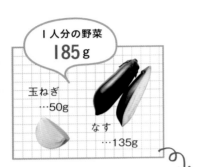

1人分の野菜
185g

玉ねぎ
…50g

なす
…135g

おいしい食べ方

油との相性がよいな すは、油をたっぷり使 うカレーにもよく合い ます。**なすを先にいた めて水分を除き、カレ ー粉といため合わせた あとにひき肉を加えて、** 肉のこってりした脂感 をなすに移します。こ れで、**煮込み時間が短 くてもカレーとの一体 感が早まります。**

　作り慣れてきたら、 なすをいためるさいに クミンやカルダモン、 コリアンダーを加え、 さらに香りを楽しんで みては。

材料／2人分

| なす…… 大3本 (270g) |
| サラダ油…… 大さじ2 |
| 豚ひき肉…………… 150g |
| 玉ねぎ……1/2個 (100g) |
| しょうが………… 1かけ |
| にんにく………… 1かけ |
| カレー粉…大さじ1 1/2 |

a
| 水………1/3カップ |
| トマトケチャップ |
| ………… 大さじ2 |
| 塩………小さじ1/2 |

1人分380kcal　塩分2.0g

作り方

1 なすは1.5cm角に切り、 サラダ油をからめる。

2 玉ねぎはあらみじん切り にする。しょうがとにんに くはすりおろす。

3 フライパンを熱して**1**を 広げ入れ、中火で動かさず に2分焼き、さらに上下を 返すように2〜3分いため る。**2**とカレー粉を順に加 えては2〜3分ずついため、 ひき肉を加えて色が変わる までいためる。

4 **a**を加え、煮立ったら弱 火で5分煮る。

煮込み時間
5分でOk

なす

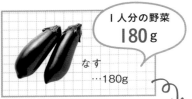

1人分の野菜
180g

なす
…180g

乱切りにしたなすが味の決め手

なすのごまみそ煮

おいしい食べ方

なすは乱切りにして実の表面積を広くすることで火の通りをよくし、**余分な辛味やえぐ味を感じさせないよう**にします。

また、なすに油をからめているため、少し多めの砂糖を調味料に加えて煮るととろみが出て、なすの表面によくからむようになります。

材料／2人分

	なす……	大4本（360g）
	ごま油………	大さじ1
a	みそ………	大さじ1
	しょうゆ…	大さじ1
	砂糖………	大さじ1
	水 ……………	1/2カップ
	すり白ごま ……	大さじ2

1人分176kcal　塩分1.9g

作り方

1 なすはところどころ皮をむいて1本を7～8等分の乱切りにし、なべに入れてごま油をからめる。

2 ふたをして中火にかけ、シューシューと煮立ってきたら**a**を加えて全体にからめる。

3 水を注ぎ入れ、煮立ったら弱火にして10分煮る。器に盛ってごまをふる。

・仕上げに粉ざんしょうや一味とうがらしをふるのもおすすめ。

1人分の野菜
180g

なす
…180g

水分が多い実は電子レンジ加熱に向く

レンチンなすの梅わさびだれ

おいしい食べ方

なすは野菜の中でも**電子レンジとの相性が抜群**。水分を含んだスポンジ状で、かたい皮におおわれた形状が電子レンジ加熱に向くからです。**加熱後**はしっかり**水で冷やす**ことで**おいしさを中に閉じ込めます**。水にさらしても、あまりうま味が流れ出ないのが不思議です。

材料／2人分

なす…… 大4本（360g）
梅干し……… 2個（20g）

a {
　練りわさび
　………… 小さじ1/2
　しょうゆ … 小さじ2
　サラダ油 … 小さじ1

1人分70kcal　塩分2.8g

作り方

1 なすはところどころ皮をむいて1本ずつラップに包む。耐熱皿にのせて電子レンジ（600W）で6分加熱し、そのまま冷水にとる。さめたらラップをはずして水けを軽く絞り、2cm幅に切る。
2 梅干しは種を除いてたたき刻み、**a**と合わせて混ぜる。器に盛った**1**にかける。

・汁けが多いたれよりも、梅肉などを加えた粘性のあるたれのほうが、なすの実の甘味や香りをこわさずにおいしい。

1/2日分はこのくらい

5 cm
（直径約 7 cm）
200 g

1本 **1200** g
おろし大根
1カップ **200** g

大根

Radish

こんなに栄養がとれる！

カリウム

1日の **21**%

ビタミンC

1日の **20**%

水分

約 **95**%

ビタミンCやカリウムを含みます。消化酵素のアミラーゼが豊富で、食べ物の消化を助けて胃もたれを防ぎます。ちなみに、大根の葉はビタミンやカリウムが豊富です。

おいしい食べ方

大根は**しっかり焼く**ことで水分が抜け、香りがつき、**煮込み時間も減らす**ことができます。

ブリも焼き色をつけることで、霜降りなどの下ごしらえが省けます。**煮汁には酒を多めに加え**、ブリと大根特有の香りをまとめ、家庭でも**少しグレードアップした味わい**を楽しむことができます。

  と食べるには？

●くせがなくて食べやすい

旬の時期である冬は甘味が増し、くせもなく、おでんやなべ物の具などで1/2日分が簡単に食べられます。

ただ、水分が多く味のなじみに時間がかかるので、塩をまぶすなどの適度な下ごしらえは必要です。また、切り方を変えることで噛んだときの食感が変わり、食べやすくなります。

1 人分の野菜
200g

大根
…200g

しっかり焼いてから煮込む
ブリ大根

材料／2人分

大根	皮つき1/3本	(400g)
ブリ	2切れ	(200g)
塩		小さじ1/3
ごま油		大さじ1
a 水		1/2カップ
酒		1/2カップ
砂糖		大さじ3
しょうゆ		大さじ3
水菜		少量

1 人分412kcal 塩分3.1g

作り方

1 大根は皮つきのまま1.5㎝厚さの半月に切る。

2 ブリはさっと洗って水けをふきとり、1切れを2つに切って塩をふる。

3 フライパンにごま油を中火で熱し、**2**を並べ入れ、両面をそれぞれ2分焼いてとり出す。

4 続けて**1**を入れ、両面をそれぞれ3〜4分焼いて焼き色をつける。

5 **3**のブリを戻し入れ、**a**を加えて全体に煮汁を行きわたらせる。煮立ったら弱火にしてぬらしたキッチンペーパーをかぶせ、ずらしてふたをして20〜25分煮る。

6 上下を返して味をなじませる。器に盛り、水菜をあしらう。

大根

1人分の野菜
190g

大根
…175g

小ねぎ
…15g

縦４つ割りで煮くずれ防止

大根と丸め豚肉の角煮風

おいしい食べ方

大根は５cmの厚さに切り、**縦４つ割りに**します。輪切りにするよりも**味がなじみ、煮くずれも少なく**なるからです。加えて、箸で食べやすい利点も。また、塩をふって少し水分を抜くことで、火通りと味のなじみをよくしています。

長時間煮込んだように見えて、**煮込み時間は20分**。これなら、おいしい季節の大根を味わう回数が増えますね。

材料／２人分

大根	350g
塩	小さじ１
豚バラ薄切り肉	12枚（200g）
小麦粉	小さじ２
サラダ油	大さじ１
a しょうゆ	大さじ２
a みりん	大さじ１
a 砂糖	大さじ１
水	１カップ
小ねぎ（５cm長さに切る）	７～８本（30g）

1人分484kcal　塩分2.7g

作り方

1 大根は５～６cm厚さに切ってから縦に４つに割る。塩をまぶして20分おき、さっと水洗いして水けをきる。

2 豚肉は１枚を６×５cmの大きさになるように蛇腹にたたむ。１枚で全体を包み、さらにもう１枚を巻きつけながら、きれいな四角形になるように形作る。これを４組作り、小麦粉をまぶして余分な粉をはたく。

3 フライパンにサラダ油を中火で熱し、**2** を並べ入れ、両面をそれぞれ２～３分焼く。余分な脂をふきとってから**a**を加え、１～２分煮からめ、表面に照りをつける。

4 大根を加えて軽く混ぜ、水を注ぎ入れて煮立ったら弱火にし、ぬらしたキッチンペーパーをかぶせ、ずらしてふたをして20分煮る（途中で一度上下を返す）。

5 小ねぎを加えてひと煮し、器に盛る。

Point

豚かたまり肉は煮込み時間がかかるので、薄切り肉を重ねて「かたまり肉風」に。大根との煮込み時間も合わせられます。

1人分の野菜
175g

大根
…125g

玉ねぎ
…50g

なます切りで表面積を増やす

大根とカニかまの クリームチーズ マヨサラダ

おいしい食べ方

　大根の繊維を斜めに切るなます切りは、表面積を増やして味がなじむようにする切り方です。**長さのいろいろな細切りにもなるので味のからみ方が均一でなく、食感も楽しめます**。細く切るよりもちょっと太めのほうが、大根の味わいがしっかり感じられます。

　マヨネーズだけでなくクリームチーズを加えることで水分も出にくく、少し大人の味わいになります。

材料／2人分

大根	·················	250g
玉ねぎ	··········	1/2個（100g）
a	塩········	小さじ1/2
	水········	大さじ3
カニ風味かまぼこ	··	4本
b	クリームチーズ ··	30g
	マヨネーズ ········	大さじ2
	練りがらし ········	小さじ1
パセリのみじん切り		
·························		少量

1人分209kcal　塩分1.9g

作り方

1 大根は斜めに5mm厚さに切り、さらに5mm幅に切る。玉ねぎは薄切りにする。ともに**a**と混ぜて20分おき、汁を絞る。

2 カニかまは細く裂く。

3 クリームチーズはよく練り、**b**を加えて混ぜる。

4 3に2と1を順に加えてはあえる。器に盛り、パセリを散らす。

ざくざくっとした
食感も楽しい

作りおき
OK!
冷蔵で
1週間

パリパリとした食感を残す

大根とにんじんの半月切りなます

1人分の野菜
175g

大根…150g

にんじん…25g

おいしい食べ方

酢をきかせた調味料を加えると、**加熱してもパリパリとした食感を残す**ことができます。また、加熱のさいに大根から甘い水分が出て、調味料と合わさり、ほどよい味になります。

ゆずの皮の代わりに、レモンの皮や香菜(しゃんつぁい)を加えるなどアレンジも楽しめます。

材料／2人分

大根‥‥‥‥1/4本(300g)
にんじん‥‥1/3本(50g)

a
砂糖‥‥‥‥大さじ2
酢‥‥‥‥‥大さじ4
水‥‥‥‥‥大さじ1
塩‥‥‥‥‥小さじ1

ゆずの皮のせん切り
‥‥‥‥‥‥‥‥少量

1人分57kcal　塩分1.5g

作り方

1 大根とにんじんは2〜3mm厚さの半月切りにする。
2 耐熱ボールに**1**を入れ、混ぜ合わせた**a**を注ぎ入れる。ふんわりとラップをかけ、電子レンジ(600W)で4分加熱する。
3 上下を返すように混ぜ合わせてゆずの皮を加え、あら熱がとれるまでおく。

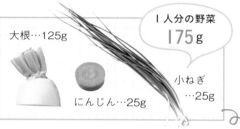

1人分の野菜
175g

大根…125g

にんじん…25g

小ねぎ
…25g

電子レンジ加熱で甘味を引き出す

レンチン大根の ねぎだれかけ

おいしい食べ方

　大根は、**大きめに切ると電子レンジ加熱向きになります**。大きいことで充分な水分を含み、**加熱ムラが起きにくい**からです。ラップをかけて加熱したら、ラップをはずさず、そのままあら熱をとるようにしましょう。この時間が**なめらかな食感と甘味を引き出す**ポイントです。

材料／2人分

大根…………皮つき250g
にんじん……1/3本（50g）

a
┤
小ねぎ…………50g
いり白ごま
…………大さじ1
酢…………大さじ2
しょうゆ
……大さじ1 1/2
砂糖………小さじ1
ごま油……小さじ1

1人分101kcal　塩分2.0g

作り方

1 大根は皮つきのまま2cm厚さの輪切りにする。にんじんは1cm厚さの輪切りにする。ともに耐熱皿に並べてふんわりとラップをかけ、電子レンジ（600W）で6分加熱し、そのままあら熱がとれるまでおく。
2 小ねぎは小口切りにし、**a**のそのほかの材料と混ぜ合わせる。
3 器に**1**を盛り合わせ、**2**をかける。

1/2日分はこのくらい

2枚
200g

1玉 **2500**g
1枚（外葉）**150**g

白菜

Chinese Cabbage

こんなに栄養がとれる！

カリウム
1日の**22**%

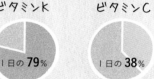
ビタミンK
1日の**79**%

ビタミンC
1日の**38**%

ビタミンCやカルシウムを比較的多く含むなど、特徴がキャベツと似ています。カリウムやビタミンKも多く含みます。

おいしい食べ方

　白菜は6×2cmのサイズに切り、豚バラ肉をしっかり焼きつけてからいためます。バラ肉からとけ出た脂で、強火にかけても白菜が焦げにくくなります。**豚肉には白菜からの蒸気が行きわたってやわらかくなり、白菜には豚肉のうま味**が移ります。

ぺろり♪ **と食べるには？**

● 軸と葉で切り方を変える

　水分が多く、加熱によって甘味が濃くなる野菜です。

　一辺倒に大きめのそぎ切りにしがちですが、シャキシャキとした軸の部分と葉の部分とでは火の通りが違うので、加熱のタイミングが見きわめにくいのが難点。軸と葉に切り分け、軸は6cm長さ、2cm幅に切り、葉のやわらかい部分は大きめにちぎると、火の通し方に失敗しません。

葉

軸

1人分の野菜
175g

白菜
…150g

にら
…25g

キムチと豚肉のパンチある味わい

白菜と豚肉の キムチいため

白菜

材料／2人分

白菜	3枚 (300g)
豚バラ薄切り肉	150g
にら	1/2束 (50g)
キムチ	100g
しょうゆ	小さじ3〜4

1人分352kcal　塩分2.5g

作り方

1 白菜の軸の部分は6cm長さに切り、さらに繊維に沿って2cm幅に切る。葉はちぎる。豚肉は8cm長さに、にらは5cm長さに、キムチは一口大に切る。

2 フライパンに豚肉、白菜の軸、にら、白菜の葉の順に重ねて強火にかける。2分ほど焼き、豚肉から脂が出て焼き色がついてきたら、キッチンペーパーで脂を少しふきとり、キムチを加えて2分ほどいためる。

3 中央をあけ、あけた所にしょうゆを加える。煮立ったら全体に味がからむよう、1分ほどいためる。

1人分の野菜
220g

にんじん
…20g

白菜
…200g

塩もみをして食感を生かす

塩もみ白菜と エビの とろみいため

おいしい食べ方

　エビの甘味を、白菜のめりはりのきいた食感で包み込むようないため物です。白菜の**食感を残すためには、塩もみを**して下味をつけてからいためます。こうすることで火の通しすぎを適度におさえ、水分が出てしまう前に味がなじんで、じっくりいためなくても全体がまとまります。

材料／2人分

白菜…… 大4枚（400g）
a　塩……… 小さじ1/2
水……… 大さじ3
むきエビ ……… 200g
かたくり粉‥ 大さじ2
にんじん……1/4本（40g）
生しいたけ‥ 3枚（50g）
サラダ油……… 大さじ1
b　水……… 大さじ2
塩……… 小さじ1/2
オイスターソース
……… 小さじ2

1人分214kcal　塩分3.2g

作り方

1 白菜の軸の部分は6cm長さに切り、さらに繊維に沿って2cm幅に切る。葉はちぎる。**a**と混ぜて20分おき、汁けを絞る。

2 にんじんはせん切りに、しいたけは石づきを除いて薄切りにする。

3 むきエビは背に切り目を入れてかたくり粉をまぶす。

4 フライパンにサラダ油を中火で熱し、**3**を入れて1分ほど焼く。ざっと中央をあけて**1**と**2**を加え、強めの中火で2分ほど、押さえつけるようにいためる。

5 **b**を混ぜて**4**に加え、上下を返しながら、全体に味がからむまで2〜3分いためる。

白菜

白菜と鶏肉の黒こしょう煮

1人分の野菜
200g

白菜
…200g

おいしい食べ方

味のベースは鶏肉にもみ込んだ塩。塩と鶏肉のだしが水にとけ出て、そのうま味が短時間で白菜になじみます。

黒こしょうやしょうがなど**スパイスや薬味を組み合わせることで**淡白な白菜の味わいに**めりはり**が出て、たっぷりいただけます。

材料／2人分

白菜	……………	4枚 (400g)
	鶏もも肉	…1枚 (250g)
	塩	…………小さじ1/2
	水	……1 1/2カップ
a	みりん	…… 大さじ1
	しょうゆ	・・大さじ1
しょうが	…………	1/2かけ
粒黒こしょう	………	20粒
塩	…………………	少量

1人分256kcal　塩分2.8g

作り方

1 白菜は2cm長さに切り、幅を2〜3等分にする。しょうがはせん切りにする。粒こしょうはスプーンの背などであらくつぶす。

2 鶏肉は余分な脂を除いて10等分に切り、塩をふってもむ（時間があれば10分ほどおく）。

3 なべに**a**と**2**を入れて強火にかけ、煮立ったらアクを除いて弱火で5〜6分煮る。**1**を加えてさらに2〜3分煮て、塩で味をととのえる。

シンプルな材料で
作る簡単煮物

白菜

49

1人分の野菜
175g

白菜
…175g

端から繊維を断つようにせん切りに

せん切り白菜の
カリカリじゃこあえ

おいしい食べ方

キャベツなどと同様に白菜もせん切りにしやすい野菜。特に、**葉の部分はやわらかく**ふわりとして、**味がからみやすく、食感も軽やか**です。カリカリのじゃこを合わせると、副菜にも、ヘルシーなおつまみにもなります。

材料／2人分

白菜 ····· 3〜4枚（350g）

a ┌ ちりめんじゃこ··20g
  │ ごま油
  └ ·····大さじ3〜4

  ┌ しょうゆ·· 大さじ1
  │ 酢·········· 大さじ1
b │ いり白ごま
  │ ·········· 小さじ1
  └ こしょう········ 少量

1人分227kcal　塩分2.0g

作り方

1 白菜は繊維を断つようにせん切りにし、ボールに入れる。

2 小さめのフライパンに**a**を入れて中火にかけ、カリカリとしてきつね色になるまで5〜6分いためる。

3 熱いうちに**1**に加えて混ぜ、**b**を加えてあえる。

1人分の野菜
175g

白菜
…175g

冬が旬の素材のおいしい組み合わせ

白菜とりんごの サラダ

おいしい食べ方

　りんごの酸味としゃりしゃりした食感が、せん切りにした白菜と好相性です。甘味がある素材の組み合わせには、カレー粉の香りと辛味をアクセントに。食べ飽きないサラダになります。

　あえたても、しばらくおいて**味がなじんだころ合いもおいしい。**バゲットにはさむのもおすすめです。

材料／2人分

白菜 ……… 3〜4枚（350g）
りんご …… 皮つき100g
　　　砂糖 ……… 大さじ1/2
　　　酢 ………… 大さじ2
　　　オリーブ油
　a　　　 ……… 大さじ2
　　　カレー粉 … 小さじ1
　　　塩 … 小さじ1/2〜2/3
ホタテ水煮缶詰め
　　　 ……… 小1缶（45g）

1人分203kcal　塩分1.7g

作り方

1 白菜は繊維を断つようにせん切りにする。

2 りんごは1.5cm角に切り、**a**と混ぜて10分ほどおく。

3 ホタテは缶汁を軽くきり、ほぐす。

4 **2**に**1**を加え混ぜて味をなじませ、**3**を加えてさっくりと混ぜる。

1/2日分はこのくらい

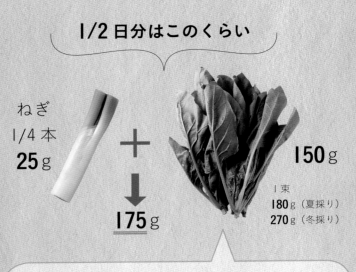

ねぎ
1/4本
25g

＋

↓

175g

150g

1束
180g（夏採り）
270g（冬採り）

青菜（小松菜、青梗菜、ほうれん草）

Green
Vegetables

こんなに栄養がとれる！ ほうれん草（通年平均）150g あたり

カルシウム
1日の**11**%

鉄
1日の**29**%

ビタミンC
1日の**53**%

青菜全般にβ-カロテン、ビタミンC、カルシウム、鉄、食物繊維が豊富です。春菊や菜の花も青菜の仲間です。

おいしい食べ方

　小松菜をサケとホイル焼きに。**小松菜は下ゆでしなくても**、塩をからめることで火の通りがよくなり、ほかの材料とのまとまりもよくなります。
　みそとマヨネーズとの濃厚な組み合わせに、**野菜から出てくる水分でほどよく**バランスをとり、**全体の味を決めるソース**に。

ぺろり♪  と食べるには？

● **塩ベースの調味で彩りよく**

　青菜は時期により、葉の大きさや色の濃さ、厚み、茎の太さなどが異なるので、おいしい時期に合わせて選びたいものです。手早く加熱することでアクを感じにくく、茎の持つみずみずしさを生かすことができます。
　しょうゆで調味するよりも塩をベースにしたほうが退色せず、作りおきしたさいの味わいの変化も防ぐことができます。

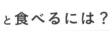

小松菜
…75g

1人分の野菜
175g

トマト
…100g

塩をふって火の通りをよくする
小松菜とサケの
みそマヨ蒸し

青
菜

材料／2人分

小松菜	150g
塩	小さじ1/4
生ザケ	2切れ (200g)
a みそ	大さじ2
マヨネーズ	大さじ1
トマト	1個 (200g)
とろけるチーズ	40g

1人分306kcal 塩分3.9g

作り方

1 小松菜は4cm長さに切り、塩をまぶす。

2 サケは1切れを2〜3つに切り、**a**をからめる。

3 トマトは1cm厚さの輪切りにする。

4 30cm角のアルミ箔を2枚用意し、**3**、**1**、**2** を順に重ねてチーズをのせる。口を閉じてフライパンに置き、まわりに水1/2カップを注ぎ入れる。ふたをして中火にかけ、沸騰したら少し火を弱めて15分加熱する。

青菜の香味が生地に移る

小松菜のチヂミ おろしだれ

1人分の野菜
175g

小松菜
…125g

おろし大根
…50g

小松菜は塩をふり、下味をつけたひき肉と合わせることで、**チヂミのうま味のベース**を作ります。生地に対して多めの小松菜を加え、混ぜたり焼いたりしているうちに**小松菜の香りを含んだ水分が生地に移り**、さらにおいしくなります。

ボリュームがあっても野菜たっぷり。ヘルシーなおつまみにもなります。春菊で作るのもおすすめです。

材料／2人分

小松菜	250g
塩	小さじ1/4
豚ひき肉	100g
しょうゆ	小さじ2
小麦粉	1/2カップ（55g）

a
卵	2個
水	大さじ3
ごま油	大さじ1
しょうゆ	大さじ1

サラダ油	大さじ1

b
おろし大根	100g
しょうゆ	小さじ1
酢	小さじ1
辣油	少量

1人分461kcal　塩分3.7g

作り方

1 小松菜は2cm長さに切り、塩をまぶす。ひき肉はしょうゆを混ぜ合わせる。

2 a を混ぜ合わせる。

3 ボールに小麦粉を入れ、少しずつ**2**を加えて混ぜる。さらに**1**も加えてよく混ぜる。

4 フライパンにサラダ油を中火で熱し、**3**を流し入れて平らにならす。4〜5分焼き、上下を返して弱火で4〜5分焼く。

5 食べやすい大きさに切って皿に盛る。**b**を混ぜて別の器に入れ、添える。

青梗菜の豚しゃぶサラダ

1人分の野菜
175g

もやし
…50g

青梗菜
…125g

おいしい食べ方

　1分ゆでるだけの、**シンプルな調理のおかず**です。豚肉はバラや肩ロースなど脂肪が多いほうがやわらかく、野菜との相性もよいといえます。

　野菜や肉はゆで湯をよくきって、あえたら**温かいうちに**いただきます。ごまは野菜からの水分を吸収する役目。お好みで増やしてもいいですね。**ほうれん草、小松菜、水菜で作っても**よく合います。

材料／2人分

青梗菜…… 2株（250g）
もやし……1/2袋（100g）
豚バラしゃぶしゃぶ用肉※
……………………… 150g

a
｜すり白ごま
　………… 大さじ2
｜オイスターソース
　………… 大さじ2
｜ごま油…… 小さじ2
｜酢………… 小さじ1
｜こしょう… 小さじ1/4

1人分367kcal　塩分2.3g

※豚肩ロースしゃぶしゃぶ用肉でもよい。

作り方

1 青梗菜は葉と軸に分け、軸は縦に6つに切る。もやしはひげ根を除く。
2 なべにたっぷりの湯を沸かし、青梗菜の軸、もやし、青梗菜の葉を順に加える。豚肉を加えて火を消し、菜箸で肉を揺らし、色が変わるまで1分おく。
3 大きめのざるにあげ、手早くしっかりと湯をきる。器に盛り、混ぜ合わせた**a**をかける。

常夜なべからヒントを得た一品

青菜

1人分の野菜 175g

ねぎ …25g

ほうれん草 …150g

いため物やあえ物に代わる料理

ほうれん草の オイルあえ

ゆでただけのほうれん草にねぎやごまなどをのせ、**あつあつのオイル**をかけます。ねぎやごまの香りが引き出され、**うま味が変化してほうれん草全体に行きわたり**ます。

最後にしょうゆをからめて完成。いため物やあえ物とはまた違う少しクセになる味わいです。

材料／2人分

ほうれん草 ………	300g
ねぎ ………	1/2本 (50g)
いり白ごま ……	大さじ2
砂糖 …………	小さじ1
ごま油 ………	大さじ2
しょうゆ	
… 小さじ2〜大さじ1	

1人分207kcal　塩分0.9g

作り方

1 ほうれん草は5cm長さに切る。たっぷりの湯を沸かして1分ゆで、ざるにあげて湯をよくきる。

2 ねぎは小口切りにする。

3 ボールに **1** を入れ、**2** とごま、砂糖をのせる。

4 小さいフライパンにごま油を入れて中火で熱し、煙が出たらごまとねぎを目がけてかける。上下を返すように混ぜ、しょうゆを加えてからめる。

ほうれん草
…125g

1人分の野菜
175g

ミニトマト
…50g

トマトやにんにくと好相性

ほうれん草とミニトマトの ガーリックいため

おいしい食べ方

　にんにくはほうれん草といっしょにいためることで、焦がすことなく香りを行きわたらせられます。**少量のかたくり粉**でトマトとまとまり、**ほうれん草の甘味ややわらかさが感じやすく**なります。

　味つけが塩だけとは思えない、シンプルですが深い味わいです。

材料／2人分

ほうれん草	250g
ミニトマト	100g
にんにくのみじん切り	1/2かけ分
オリーブ油	小さじ2
a　水	大さじ2
かたくり粉	小さじ1/2
塩	小さじ1/3
しょうゆ	少量
あらびきこしょう	少量

1人分83kcal　塩分1.1g

作り方

1 ほうれん草は6cm長さに切り、茎と葉に分ける。ミニトマトは横半分に切る。

2 フライパンにオリーブ油を中火で熱し、にんにく、ほうれん草の茎、葉を順に加える。少し火を強め、押しつけながら2分焼く。

3 ミニトマトを加え、上下を返すように1〜2分いためる。中央をあけ、あけた所に**a**を加えて混ぜ、とろみがついたら全体にからめるようにいためる。

4 しょうゆで味をととのえ、器に盛ってこしょうをふる。

🗼02
ハニー
マスタードマヨ

ゆでたかぼちゃ、かぶ、キャベツ、ア
スパラガス、ブロッコリーにおすすめ
です。

材料／作りやすい分量

はちみつ	大さじ1
粒入りマスタード	大さじ1
マヨネーズ	大さじ4

大さじ1で67kcal　塩分0.2g

作り方

すべての材料を混ぜ合わせる。

🗼03
梅だれ

きゅうりや大根、セロリ、レタスなどの
生野菜、ゆでたオクラや蒸したなすな
どに合います。

材料／作りやすい分量

梅干し		2個（20g）
a	白ごま油またはサラダ油	大さじ2
	酢	大さじ1
	砂糖	小さじ1/2
	しょうゆ	小さじ1

大さじ1で60kcal　塩分1.1g

作り方

1 梅干しは種を除いてたたき刻む。
2 1とaを混ぜ合わせる。

野菜に合う！

ドレッシング
＆たれ

ゆで野菜に、蒸し野菜に、
フレッシュな生野菜に。
素材の味わいが引き立ちます。

🗼01
トマトサルサ

生野菜（レタス、きゅうり、玉ねぎなど）、
焼いた野菜（なす、にんじんなど）、ゆ
で野菜（アスパラガス、さやいんげん
など）に。

材料／作りやすい分量

トマト		1/2個（100g）
玉ねぎ		小1/5個（30g）
a	トマトケチャップ	大さじ2
	オリーブ油	大さじ1
	レモン果汁	小さじ1
	塩	少量
	チリパウダー	10ふり※

大さじ1で16kcal　塩分0.1g

※ペッパーソース（商品名タバスコ）少量
でもよい。

作り方

1 トマトは1cm角に切る。玉ねぎはみ
じん切りにする。
2 1とaを混ぜ合わせる。

06 豆腐クリームチーズ

野菜スティック（にんじん、パプリカ、きゅうりなど）につけたり、ブロッコリーやさやいんげん、アスパラガスなどをゆでたものに添えたり。

材料／作りやすい分量

もめん豆腐		1/4丁（75g）
クリームチーズ		25g
a	おろしにんにく	少量
	塩	ミニスプーン1
	あらびきこしょう	少量

大さじ1で23kcal　塩分0.2g

作り方

1 豆腐は水きりをする。
2 ボールにクリームチーズを入れて練り混ぜる。1 をくずしながら加えて混ぜ、a を加えて混ぜ合わせる。

07 みそマヨ

きゅうり、大根、セロリなどのスティック野菜、ゆでたオクラやさやいんげん、蒸したなすなどに。

材料／作りやすい分量

みそ	大さじ2
マヨネーズ	大さじ3

大さじ1で79kcal　塩分1.3g

作り方

みそとマヨネーズを混ぜ合わせる。

04 にらだれ

一口大に切ったキャベツやきゅうり、輪切りのトマト、蒸した玉ねぎやなす、焼いたねぎやにんじん、パプリカなどに。

材料／作りやすい分量

にら		1/2束（50g）
a	しょうゆ	大さじ2
	ごま油	小さじ2
	酢	小さじ2
	辣油	適量

大さじ1で22kcal　塩分1.0g

作り方

にらは2mm幅に刻み、a と混ぜる。

05 しょうがみそ

ざくざくと切ったキャベツ、乱切りのきゅうり、ゆでた青菜、焼き野菜（なす、ねぎ、にんじん、パプリカなど）に合います。

材料／作りやすい分量

おろししょうが	2かけ分
みそ	大さじ3
砂糖	大さじ2
水	大さじ2
ごま油	小さじ1

大さじ1で35kcal　塩分1.1g

作り方

すべての材料を混ぜ合わせる。

1/2 日分はこのくらい

玉ねぎ
1/4 個
50 g

+

↓

175 g

1/2 株
125 g

1 株 250 g

こんなに栄養がとれる！ ブロッコリー 125 g あたり

ビタミンE　　　　葉酸　　　　　　ビタミンC

1 日の **55**%　　1 日の **109**%　　1 日の **150**%

β-カロテン、ビタミンE、ビタミンC、葉酸、食物繊維が
豊富。強い抗酸化作用が期待されるスルフォランを含むこと
でも注目されています。

ブロッコリー

Broccoli

おいしい食べ方

レモンをよく使うモロッコ料理を模した、**新しい食べ方の一品**です。

鶏肉をしっかり焼いたら、**ブロッコリーを加えて蒸すだけ**。じっくりと蒸し煮にするとブロッコリーの甘味が強くなり、レモンを「少し多いかな」と思うくらい加えても、ちょうどよい味わいです。

ぺろり♪ と食べるには？

● **加熱は 80℃前後で！**

ブロッコリーは低温で保存することでひもちがします。茎の部分は甘味が多いので捨てないで。花蕾といっしょに料理に使ったり、とりおいてほかの素材と合わせて使ったりします。

ブロッコリーなどのアブラナ科の野菜は高温で調理するよりも、80℃前後の加熱で甘味が出てきます。そのため、蒸す、弱火でゆっくり加熱する、半生の状態を残すくらいに加熱するなどがおすすめです。

１人分の野菜
175g

玉ねぎ
…50g

ブロッコリー
…125g

じっくり蒸して甘味を引き出す

ブロッコリーと鶏肉のレモン煮

ブロッコリー

材料／2人分

ブロッコリー		1株（250g）
	鶏もも肉	1枚（250g）
	塩	小さじ1/4
レモン		1個（100g）
玉ねぎ		1/2個（100g）
にんにく		1かけ
オリーブ油		大さじ1
a	水	1/3カップ
	塩	小さじ1/2
塩・こしょう		各少量

1人分401kcal　塩分2.2g

作り方

1 ブロッコリーは小房に分け、茎はかたい部分を除いて乱切りにする。

2 鶏肉は余分な脂を除いて6つに切り、塩をふる。

3 レモンは塩適量（分量外）を皮にすり込んで洗い、半分は果汁を搾り、残りは薄い輪切りにする。

4 玉ねぎは4等分のくし形切りにする。にんにくは4つに切る。

5 なべにオリーブ油を中火で熱し、**4**を加えて2分いため、**2**も加えて2～3分いためる。

6 **1**、**3**、**a**を加え、煮立ったらふたをして弱火で10～12分煮る。塩とこしょうで調味する。

・好みで一味とうがらしをふるのもよい。

「半生加熱」がポイント

ブロッコリーと牛肉のみそいため

1人分の野菜
175g

ブロッコリー
…125g

ねぎ
…50g

おいしい食べ方

　ブロッコリーは下ゆでしないで、ねぎといっしょにいため、**少しかたい部分を残した「半生加熱」**を目指します。
　花（花蕾）はしっかりいためることで香りが強くなります。また、表面積が広いので調味料が行きわたり、味もよくからみます。

材料／2人分

ブロッコリー
　………… 1株（250g）
牛肩ロース薄切り肉
　………………… 200g
かたくり粉‥ 大さじ1
ねぎ……… 1本（100g）
ごま油……… 大さじ1
a｜みそ…大さじ2 1/2
　　～大さじ3
　｜みりん…… 大さじ2

1人分542kcal　塩分2.9g

作り方

1 ブロッコリーは小房に分け、大きいものは半分に切る。茎はかたい部分を除いて乱切りにする。ねぎは斜めに1cm幅に切る。
2 牛肉は大きければ半分に切り、かたくり粉をまぶす。
3 フライパンに半量のごま油を中火で熱し、**2**を広げながら並べて両面を1分ずつ焼いてとり出す。
4 残りの油を足して**1**を入れ、そのまま2～3分焼き、さらに上下を返すようにして1～2分いためる。
5 フライパンの中央をあけ、あけた所に混ぜた**a**を加えて煮立ったら**3**を戻し入れ、火を強めてさっとからめる。

1人分の野菜
200g

ブロッコリー…125g　おろし大根…75g

茎と花蕾の味の違いを楽しむ

焼きブロッコリーの おろしマヨネーズ

おいしい食べ方

ブロッコリーはまるごとをくし形切りにし、ステーキのようにそのまま焼いてしまいます。

しっかり焼いて香りを引き出し、少量の水分をふりかけて蒸し煮に。**花蕾の部分はほろほろとほぐれ、茎はほくほくとして甘味が出ます。** 1つの野菜でいろいろな味わいと食感を楽しめる一品です。

材料／2人分

ブロッコリー	……… 1株（250g）
塩	………… 小さじ1/4
オリーブ油	…… 小さじ2
水	……… 大さじ4〜5
おろし大根	…… 150g
a	マヨネーズ ……… 大さじ1 粒入りマスタード ……… 小さじ2

1人分165kcal　塩分1.1g

作り方

1 ブロッコリーは茎のかたい部分をピーラーで削り、縦に6つに割る。

2 フライパンにオリーブ油を中火で熱し、**1**を並べて塩をふり、3〜4分焼く。上下を返して水を加え、沸騰したらふたをする。弱火で5分蒸し焼きにし、火を消してそのまま10分蒸らす。

3 おろし大根は軽く水けをきり、**a**を混ぜる。

4 器に**2**を盛り、**3**をつけて食べる。

スプーンですくって食べるサラダ

刻みブロッコリーの クスクス風サラダ

1人分の野菜
175g

紫玉ねぎ
…25g

ブロッコリー
…100g

トマト…50g

おいしい食べ方

ゆでたブロッコリーの花蕾は刻むとすぐにほぐれ、まるでクスクス（粒状の小さなパスタ）のような状態に。加熱で**甘味が引き出されたブロッコリー**に、**紫玉ねぎとトマトで辛味や酸味のアクセント**を。さらに味に奥行きが出てきます。

材料／2人分

ブロッコリー（花蕾の部分）
…………………… 200g
トマト …… 1/2個（100g）
紫玉ねぎ……1/4個（50g）
ハムの薄切り… 2枚（20g）

a
酢………… 大さじ1
塩………… 小さじ1/2
オリーブ油… 小さじ2
カイエンペッパー※
…………… 5ふり

1人分140kcal　塩分2.0g

※チリパウダーでもよい。

作り方

1 ブロッコリーは小房に分け、かために1〜2分ゆでてざるにあげる。あら熱がとれたらあらく刻む。
2 トマトは1cm角に切る。玉ねぎは5mm角に切る。ハムはあらみじんに切る。
3 ボールに**1**と**a**を入れて混ぜ、**2**を加え混ぜる。

・オープンサンドの具にするのもおいしい。ハムを生ハムやスモークサーモンに代えると見映えのする一品に。

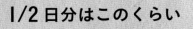
1/2日分はこのくらい

にんじん **50**g

+

↓

175g

小 1/2 個
125g

I 個 **300**g
I 枚（外葉）**40**g

レタス

Lettuce

こんなに栄養がとれる！　レタス 125 g あたり

カリウム
I 日の **13**%

ビタミンC
I 日の **6**%

水分
約 **96**%

ほとんどが水分で、特筆する栄養素はないのですが、カリウムやビタミン類をほどよく含む、食べやすい野菜です。

 おいしい食べ方

なべの野菜といえば白菜？ キャベツ？　いえいえ、**レタスも大活躍**します。特に、塩をベースにした水炊きやタイすき、常夜なべ、さっと火に通すしゃぶしゃぶなどには最適です。**切らずに大きくちぎっておくだけ**なので、**準備も楽ちん**。自分で火の通りを加減できるのもいいところです。

ブリのおいしい油がレタスにからんで満足感がある味に。

 べろり♪ と食べるには？

● サラダだけではもったいない

レタスはつけ合わせやサラダのイメージですが、調理によって一気にかさが減るので、思いのほか量が食べられる野菜です。

葉を1枚ずつばらすより、まるごとを葉を重ねたままちぎったり、葉をクルクル丸めたりするとレタスの味わいが重なって濃くなり、よりおいしく食べられます。火を通しすぎると色が変わり、食感も落ちるので、手早く加熱し、すぐに食べるのがおいしさを逃さないコツです。

1人分の野菜
175g

にんじん…50g　レタス…125g

包丁いらずで、準備もラク
レタスのブリしゃぶ

材料／2人分

レタス	小1個 (250g)
ブリ (刺し身)	200g
にんじん	2/3本 (100g)

a		
	こんぶ	10cm
	水	4〜5カップ
	酒	大さじ4
	塩	小さじ1/2

b		
	練り白ごま	大さじ3
	みそ	大さじ2
	酢	大さじ2
	しょうゆ	大さじ1
	砂糖	小さじ2

1人分457kcal　塩分3.2g

作り方

1 レタスは大きめにちぎる。にんじんはピーラーで帯状に削る。
2 器に1とブリを盛る。
3 練りごまはよく混ぜて香りを出し、bを加えてだまにならないようによく混ぜる（ごまだれ）。
4 なべにaを入れて弱火にかけ、煮立ったらこんぶを除く。2をお好みでさっとゆで、ごまだれにつけて食べる。

・ごまだれに、好みで辣油を加えるのもよい。

レタス

1人分の野菜
200g

レタス
…125g

パプリカ（赤）
…50g

ねぎ
…25g

包んでたっぷり食べられる

鶏肉の ナッツいため レタス包み

おいしい食べ方

　少し濃厚な味のいため物をレタスで包むスタイルは、**レタスをたっぷり食べる手軽な方法**。特にこのナッツのカリカリとした食感はレタスのシャキシャキによく合い、**歯ごたえもリズミカル**に。いくらでも食べられて、胃に重くありません。
　レタスの葉先は、キッチンばさみで少し丸く切ると見た目も美しく、巻き込みやすくなります。

材料／2人分

レタス…… 小1個（250g）
鶏胸肉（皮を除く）
　………… 1枚（160g）

a
　しょうゆ … 小さじ1
　ごま油…… 小さじ1
　かたくり粉
　　……… 小さじ2

パプリカ（赤）
　…… 大2/3個（100g）
ねぎ……… 1/2本（50g）
カシューナッツ…… 50g
ごま油……… 大さじ1

b
　酢……… 大さじ2
　砂糖…… 小さじ2
　塩……… 小さじ1/2

1人分376kcal　塩分2.2g

作り方

1 鶏肉はラップをかぶせ、厚みのある部分をめん棒などで10回程度たたき、2cm角に切って**a**をからめる。
2 パプリカとねぎはそれぞれ1cm角に切る。
3 **b**は混ぜる。
4 フライパンに半量のごま油を中火で熱し、**1**の両面を2分ずつ焼いてとり出す。
5 残りのごま油を足して**2**とカシューナッツを加え、動かさずに2分焼き、さらに上下を返すように1〜2分いためる。
6 **4**を戻し入れて**3**をまわしかけ、汁けがなくなるまでいため合わせる。
7 器に**6**を盛り、大きくちぎったレタスを別の器に盛って添える。**6**をレタスに包んで食べる。

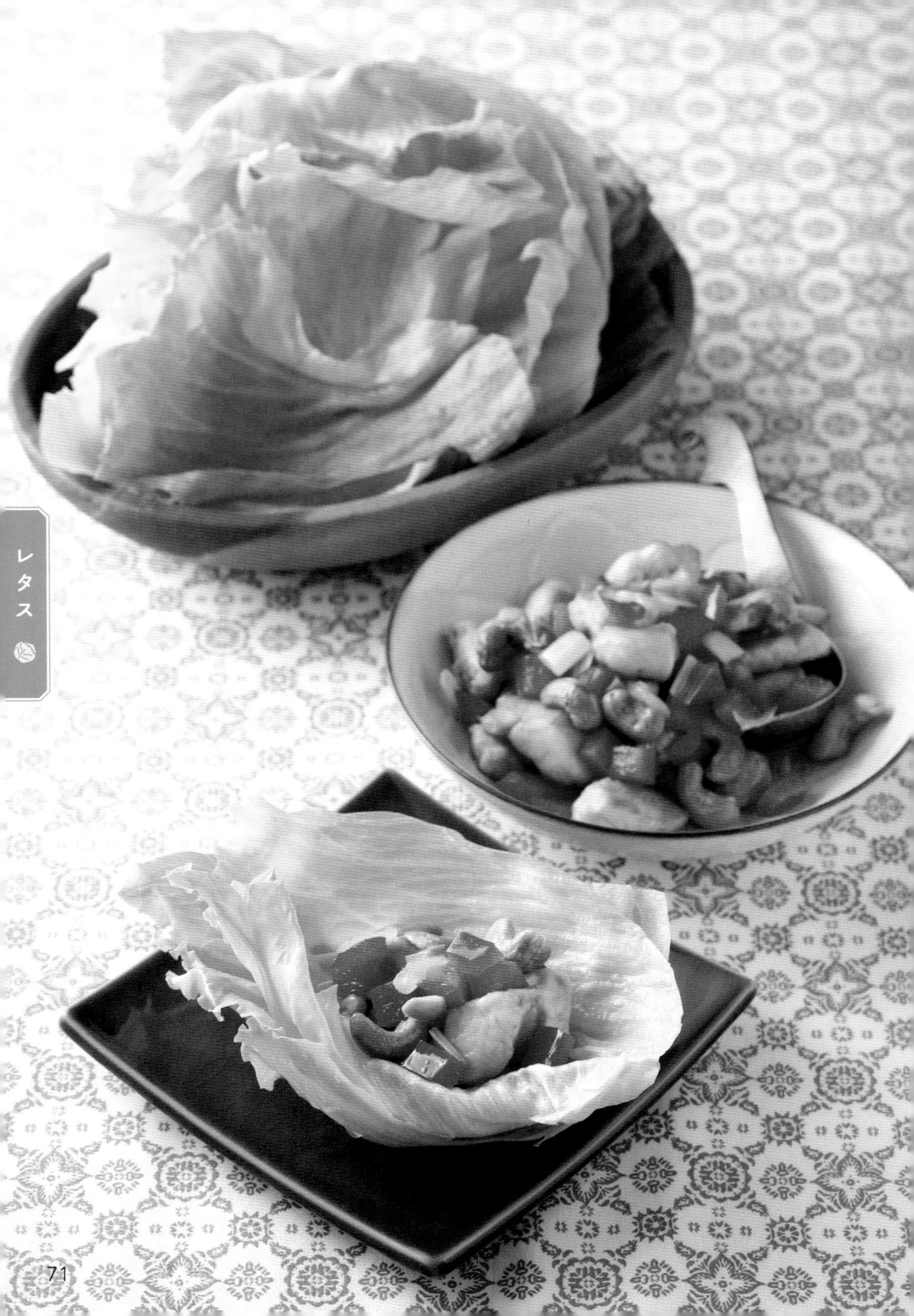

作りおき
OK!
冷蔵で
1週間

味の入り方の違いもおいしさに
レタスのもみ漬け

1人分の野菜
175g

レタス…150g　にんじん…25g

おいしい食べ方

　短時間でできる浅漬けです。レタスは**まるごとを4つに割って漬け**ると味の入り方がまちまちで、かえってそれも味になります。こんぶを加えることでうま味も増し、調味液にとろみが出てくるので、水っぽさを感じにくくなります。

材料／2人分

レタス…… 1個（300g）
にんじん※1 …1/3本（50g）
レモンの輪切り※2
　………………1/2個分
こんぶ……… 3×6㎝
砂糖…………… 大さじ1
酢……………… 大さじ1
サラダ油……… 大さじ1
塩……………… 小さじ1

　1人分104kcal　塩分3.0g

※1　ねぎや玉ねぎ、セロリに代えるのもよい。
※2　ゆずやほかの柑橘類（かんきつ）を使うのもおいしい。

作り方

1 レタスは縦に4つ割りにする。にんじんはせん切りに、こんぶは半分に切る。
2 密閉できる保存袋に全材料を入れ、空気を抜いて袋を閉じる。袋の外側からよくもみ混ぜ、冷蔵庫に1時間おく。
3 レタスを食べやすく切り、器に盛る。

レタス…150g　　　白髪ねぎ…25g

1人分の野菜
175g

かさが減って食べやすい

ゆでレタスの
オイスターソースかけ

おいしい食べ方

レタスは**1分ゆでる
だけで驚くほどかさが
減り**、シャキシャキ、
とろとろがほどよく混
じり合った食感に。濃
厚な甘味と粘度のある
オイスターソースが、
レタスからの水分でほ
どよくうすまり、から
んで**「お浸し」**のよう。
香りと辛味のアクセン
トに、トッピングの白
髪ねぎはぜひ。

材料／2人分

レタス……　1個（300g）

a
オイスターソース
　……　大さじ1 1/2
ごま油……　小さじ2
酢………　小さじ1

白髪ねぎ
………　1/2本分（50g）

1人分78kcal　塩分1.5g

作り方

1 レタスは縦に4つ割りに
する。

2 なべにたっぷりの湯を沸
かし、**1**を1分ゆでてざる
にあげる。器に盛る。

3 **a**を混ぜて**2**にかけ、ね
ぎをのせる。

ざっくり割って
1分ゆでるだけ

1/2 日分はこのくらい

大 1 本
180g

1 本 **150**g
5 cm長さ **90**g

にんじん

Carrot

こんなに栄養がとれる！

カリウム	ビタミンA	β-カロテン
1日の **27%**	1日の **185%**	**12420**µg トップクラス

野菜の中でも β-カロテンの量はトップクラス。カリウムも含みます。

おいしい食べ方

　にんじんはつけ合わせでなく、豚肉を巻く芯にしてしまいます。**肉の濃いうま味に、にんじんのハーブのような香りがよく合います**。噛んだときに、ふわりと感じる香りがごちそうです。
　電子レンジでの加熱時間はお好みで調整を。ここでは短くしてにんじんの食感を生かしましたが、少し長めに加熱するととろりとなります。

ぺろり♪ と食べるには？

● **加熱や切り方で味が変わる**

　にんじんに豊富に含まれる β-カロテンは、加熱したり油脂と組み合わせたりすると吸収率が上がります。また、にんじんは加熱により香りや甘味が増し、味わいの変化が楽しめます。
　大きめに切るか、輪切りか、くし形切りかなど、切り方によって香りの出方や食感、甘味の変化が顕著なのも特徴です。

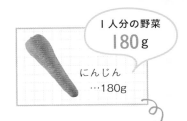

1人分の野菜
180g

にんじん
…180g

豚カツの芯にして香りを楽しむ

にんじんの肉巻き豚カツ

材料／2人分

にんじん………	大2本（360g）
塩……………………	小さじ1/4

豚ロースしゃぶしゃぶ用肉※
……………………… 16枚（200g）

小麦粉…………………	大さじ4
とき卵…………………	1〜2個分
パン粉…………………	1カップ

揚げ油

a	粉チーズ…………………	大さじ2
	カレー粉…………………	小さじ1

1人分549kcal　塩分1.4g

※豚バラ薄切り肉でもよい。

作り方

1 にんじんは縦に4つに割って耐熱皿に入れ、塩をふってふんわりとラップをかける。電子レンジ（600W）で4〜5分加熱し、あら熱がとれるまでおく。

2 パン粉は万能こし器に通して細かくする。

3 1の1本に豚肉2枚を表面をおおうように斜めに巻きつける。これを計8本作る。小麦粉、とき卵、パン粉の順に衣をつける。

4 揚げ油を170℃に熱し、**3**を3〜4分かけてきつね色に揚げる。揚げたてに、混ぜ合わせた**a**をふる。

・好みで中濃ソース適量をかけるのもよい。

にんじん

にんじんと スペアリブの マスタード煮込み

1人分の野菜
200g

にんじん
…100g

玉ねぎ
…100g

おいしい食べ方

野菜がたっぷりいた
だける肉の煮込み料理。
粒入りマスタード、しょ
うゆ、はちみつの組み
合わせは、みんなが好
むおしゃれな味わいに。
にんじんや玉ねぎは
具としての役割りだけ
でなく、**香りと甘味が
煮汁にとけ出て**、おい
しさに貢献します。煮
込み時間が長い煮物は、
思いきって**野菜を大き
めに切り、肉と同じタ
イミングで煮ます。**

材料／作りやすい分量

にんじん…… 皮つき200g
玉ねぎ ····· 1個（200g）

スペアリブ
········ 骨つき400g※
塩………… 小さじ1/2

a
粒入りマスタード
········· 大さじ2
はちみつ·· 大さじ3
しょうゆ·· 大さじ3
水………·2/3カップ

1人分581kcal　塩分4.0g

※骨を除いて約260g。

作り方

1 にんじんは皮つきのまま
1.5cm厚さの輪切りにする
（直径の大きいものはさら
に半分に切る）。玉ねぎは
縦に4つに切る。

2 スペアリブは1本につき
10か所程度フォークで刺
し、腱（けん）に切り目を入れて塩
をまぶす。

3 a は混ぜる。

4 フライパンを中火で熱
し、**2**を並べ入れて両面を
それぞれ2分焼く。余分な
脂をキッチンペーパーでふ
きとる。

5 **1**と**3**を加えて強火にか
ける。煮立ったら弱火にし
てぬらしたキッチンペー
パーをかぶせ、ずらしてふ
たをし、途中で上下を返し
ながら30分煮る。

にんじん

皮をむかずに焼く利点を生かして

焼きにんじんの
マリネ

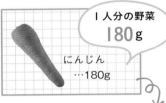

１人分の野菜
180g

にんじん
…180g

材料／2人分

にんじん……皮つき360g
サラダ油……… 大さじ３
a
｜ 酢………… 大さじ１
｜ 塩………… 小さじ1/2
｜ あらびきこしょう
｜ ………… 小さじ1/4
｜ しょうゆ‥ 小さじ２

1人分191kcal　塩分1.8g

作り方

1 にんじんは皮つきのまま
長さを半分に切り、太い部
分は縦に６つに切り、細い
部分は縦に４つに切る。
2 バットなどに**a**を入れて
混ぜる。
3 フライパンにサラダ油を
中火で熱し、**1**を加えて１
面につき３分ずつ、ころが
しながら焼き色をつける。
熱いうちに**2**に加えて混ぜ、
15 〜 20分おいて味をなじ
ませる（時間をおくと味に
深みが増す）。

作りおき
OK!
冷蔵で
1週間

1人分の野菜
175g

にんじん …150g

レタス …25g

フォークで巻いて食べる楽しさ

にんじんの パスタ風ラペ

おいしい食べ方

　せん切りのラペ（ラペとは細長くおろす意味）に比べ、**ピーラーで削るとマリネ液との味なじみが早く**、見た目にもかわいらしさがあります。**パスタのようにフォークでクルクルと巻いて食べる楽し**さも。

　ツナや生ハムを混ぜたり、ほかの葉野菜を加えてボリュームを出すのもおすすめです。

材料／2人分

にんじん…… 2本（300g）

a	塩…………	小さじ1
	酢…………	大さじ3
	砂糖………	大さじ1
	水…………	大さじ1
	オリーブ油 …………	大さじ2

レタス…………… 50g

1人分190kcal　塩分3.1g

作り方

1 にんじんはピーラーで帯状に削り、密閉できる保存袋に入れる。**a** を順に加えてもみ混ぜ、袋の口を閉じて30分以上おく。

2 レタスは1cm幅に切ってボールに入れる。**1** を加え、さっとあえる。

玉ねぎ
Onion

1/2日分はこのくらい

1個
200g

みじん切り
大さじ1で**10**g

こんなに栄養がとれる！

カリウム

1日の**15**%

ビタミンC

1日の**16**%

ケルセチン
（黄の色素成分）

たっぷり！

野菜の中では糖質が多いのが特徴です。特に多く含む栄養素はありませんが、抗酸化作用が期待されるケルセチンが豊富です。

おいしい食べ方

　水分が多い玉ねぎは、電子レンジ加熱との相性も◎。繊維を断つように半分に切ると、**加熱中にひき肉のうま味を充分に吸います。**そのため、ひき肉は練りすぎないのがポイントです。

　濃いめに味つけしたひき肉をほぐし、**甘味を増してサクサクした食感の玉ねぎ**をからめながら食べると、1個がたちまちぺろりです。

 ぺろり♪ と食べるには？

● 加熱で辛味が甘味に変化

　玉ねぎは加熱することで、生の状態では辛味成分である硫化アリルが、メルカプタンという甘味成分に変化します。加熱の度合いでその甘味の濃度を変えられるのがよいところです。

　繊維を断ち切るようにスライスすると辛味が感じにくくなり、加熱もしやすくなります。

1人分の野菜 200g

玉ねぎ
…200g

水分が多く、電子レンジ加熱向き

玉ねぎとひき肉の レンチン蒸し

材料／2人分

玉ねぎ	2個（400g）
豚ひき肉	150g

a
かたくり粉	大さじ1
みそ	小さじ2
しょうゆ	小さじ2
ごま油	小さじ1

b
しょうゆ・練りがらし	各少量

1人分291kcal　塩分1.8g

作り方

1 玉ねぎは横半分に切る。

2 ひき肉はボールに入れて**a**を加え、スプーンで1分ほどかき混ぜる。

3 耐熱皿に**1**を並べて中心を除き、**2**を等分に詰める。除いた玉ねぎも耐熱皿にのせてふんわりとラップをかけ、電子レンジ（600W）で7〜8分加熱し、そのまま2分おいて余熱で火を通す。

4 器に**3**を盛り、別器に**b**を添える。

1人分の野菜
175g

玉ねぎ
（おろし玉ねぎ含む）
…150g

レタス
…25g

玉ねぎの甘味で砂糖とみりんいらず

玉ねぎたっぷり豚肉のしょうが焼き

おいしい食べ方

　玉ねぎは**具とたれに**使います。たれに加えるおろし玉ねぎは肉をやわらかくするだけでなく、**加熱することで甘味**を増し、砂糖やみりんがいらなくなります。

　残りの玉ねぎは薄切りにしてしょうが焼きの下に敷き、**サラダ仕立てにして食感を楽しみ**ます。

　しっかり焼いて味がからんだ豚肉に、スライスした玉ねぎをはさむようにしてさっぱりといただくのがおすすめです。

材料／2人分

豚肩ロース薄切り肉	250g
小麦粉	小さじ1
サラダ油	大さじ1/2
a　おろし玉ねぎ	…1/2個分（100g）
おろししょうが	…2かけ分（20g）
しょうゆ	…大さじ2
玉ねぎ	1個（200g）
レタス※	50g

1人分422kcal　塩分2.7g

※好みで、ざくざくと切ったにらや香菜、ちぎった青じそなどを加えると味わいが変わる。

作り方

1 豚肉は小麦粉をまぶす。

2 a は混ぜる（たれ）。

3 玉ねぎは繊維に沿って薄切りにする。レタスは1cm幅に切る。それぞれ水にさらし、水けをよくきる。

4 フライパンにサラダ油を中火で熱し、**1**を並べて動かさないように2〜3分焼く。焼き色がついたら上下を返し、1〜2分焼く。

5 フライパンの中央をあけ、あけた所に**2**のたれを加えてやや火を強くする。煮立ったら肉にたれをからませながら、30秒ほど加熱する。

6 器に**3**を敷き、**5**をたれごと盛る。

生で食べる玉ねぎは紫玉ねぎに代えても！

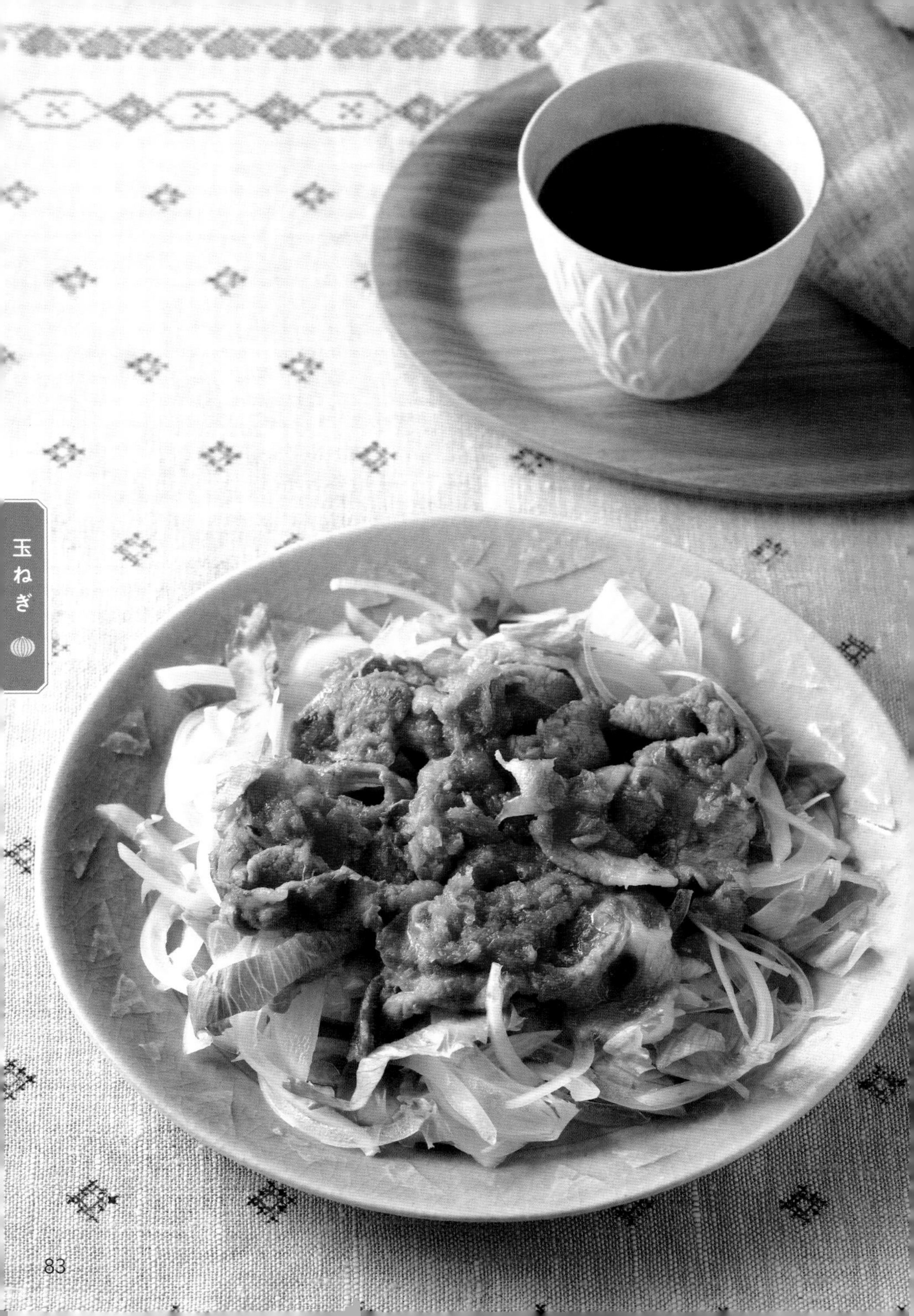

シンプルな味つけで驚くほど甘い

玉ねぎの レンチンバター蒸し

1人分の野菜
200g

玉ねぎ
…200g

おいしい食べ方

　玉ねぎは大きめのくし形切りにして、**電子レンジでじっくり加熱。**シンプルにしょうゆバターを散らし、**玉ねぎの層の間にしみ込ませる**と、「えっ」と思うほど甘味を感じることができます。

　半分はそのままで、残りはレモンを搾って酸味と香りを加えると、ごちそうの一皿に。

材料／2人分

玉ねぎ…… 2個（400g）
バター…………………… 20g
しょうゆ……… 大さじ1
パセリ・レモンのくし形
　切り……………各適量

　1人分144kcal　塩分1.5g

作り方

1 玉ねぎは縦に4つに切る。耐熱皿に並べてバターを散らし、しょうゆをふりかける。

2 ふんわりとラップをかけ、電子レンジ（600W）で8〜9分加熱する。

3 器に盛り、ちぎったパセリを散らし、レモンを搾って食べる。

小ねぎ
…7.5g

1人分の野菜
257.5g

玉ねぎ
…200g

トマト
…50g

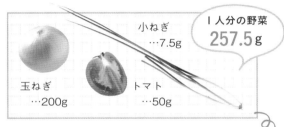

加熱中に塩をふるのがコツ

玉ねぎの
ステーキ

直火でしっかり焼きつけることで、玉ねぎの糖質が**食欲を促す香ばしい焦げ**に。玉ねぎが主役の一品になります。加熱のさいに塩をふると、**適度に脱水して火の通りもよくなり**、水っぽくなりません。

角切りトマトを加えたソースは彩りだけでなく、ほどよい酸味を加えます。

材料／2人分

玉ねぎ……	2個（400g）
オリーブ油……	大さじ2
塩……	小さじ1/4

	トマト…1/2個（100g）	
	小ねぎ…3〜4本（15g）	
a	しょうゆ …… 小さじ2	
	あらびきこしょう …… 少量	

1人分188kcal　塩分1.6g

作り方

1 玉ねぎは1.5cm厚さの輪切りにする。

2 フライパンにオリーブ油を入れて中火にかける。**1** を並べて塩の半量をふり、4〜5分焼く。上下を返して残りの塩をふり、さらに4〜5分焼く。

3 トマトは1cm角に切り、小ねぎは小口切りにする。ともに**a**と混ぜ合わせる。

4 器に玉ねぎを盛り、**3**をかける。

1/2 日分はこのくらい

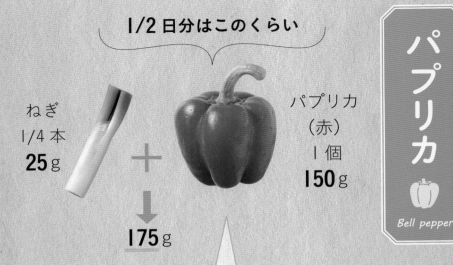

ねぎ
1/4 本
25g

＋

↓

175g

パプリカ
(赤)
1 個
150g

パプリカ

Bell pepper

こんなに栄養がとれる！ パプリカ（赤）1個150ｇあたり

ビタミンE

1日の**117**％

ビタミンC

1日の**255**％

カロテノイド
（赤などの色素成分）

たっぷり！

β-カロテン、ビタミンC、ビタミンE、食物繊維が多く含まれます。少量でも栄養価が上がるので、日々の食生活にとり入れたい野菜です。

おいしい食べ方

パプリカの形を生かし、電子レンジ加熱で手軽に作る、**見映えのよいおかず**です。

縦半分の大きいまま加熱することで、パプリカの甘味がさらに増します。肉だねも野菜たっぷりにして詰め、カレー粉とケチャップを加え、大人も子どもも親しみやすい味わいに仕立てます。

ぺろり♪ と食べるには？

● 肉厚で甘く、生でも食べられる

ピーマンと同じ仲間ですが、肉厚で甘味が強く、ひもちがよいのが特徴です。赤、オレンジ、黄色以外にも、紫、茶、白などと色が豊富ですが、最も栄養価が高いのは赤パプリカ。赤や黄色、オレンジなどは、抗酸化作用のあるカロテノイド系色素です。

生でも食べられて、彩りにも貢献するので、冷蔵庫に常備したい野菜です。

86

パプリカ
（黄・オレンジ）

1人分の野菜 150g

75g 　75g

形を生かし、甘味も増す

パプリカの肉詰め レンチン蒸し

材料／2人分

パプリカ（黄・オレンジ）
………………… 各1個（各150g）
豚ひき肉 ………………… 150g
玉ねぎ………………… 1/4個（50g）
ブロッコリー………………… 50g
にんにく ………… 1かけ（10g）

a
| 小麦粉 ………………… 大さじ1
| トマトケチャップ
|　 ………………… 大さじ2
| カレー粉 ………… 小さじ1
| 塩 ………………… 小さじ1/2

1人分277kcal　塩分2.0g

作り方

1 パプリカは縦半分に切り、へたを残したまま種を除く。

2 玉ねぎはみじん切りにする。ブロッコリーは5mm角程度のあらみじんに切る。にんにくはみじん切りにする。

3 ボールにひき肉と**2**、**a**を入れてよく練り混ぜる。**1**に等分に詰める。

4 耐熱皿の縁に沿って**3**を肉が上になるように並べる。ふんわりとラップをかけて電子レンジ（600W）で10分加熱する。

パプリカ

個性ある味わいにも負けない

パプリカとラムの いため物

1人分の野菜
200g

パプリカ（赤）
…150g

玉ねぎ
…50g

おいしい食べ方

　人気のラム肉は、**彩りと食感にパンチのあるパプリカと合わせる**のがおすすめ。
　ラムの特徴的な香りや、しょうが、にんにく、カレー粉を重ねたしっかり味にも、パプリカは負けません。繊維を断つように1cm幅に切ることで、食感は残しながら、肉といっしょに噛みやすくなります。

材料／2人分

パプリカ（赤）
　………… 2個（300g）
玉ねぎ…… 1/2個（100g）

a ┃ おろししょうが
　 ┃　……… 1かけ分
　 ┃ おろしにんにく
　 ┃　……… 1かけ分

b ┃ 塩……… 小さじ1/2
　 ┃ カレー粉‥ 小さじ1

ごま油……… 大さじ1
┃ ラム薄切り肉… 200g
┃ しょうゆ… 大さじ1

1人分370kcal　塩分3.0g

作り方

1 パプリカは縦に4つに切り、さらに繊維を断つように1cm幅に切る。玉ねぎも繊維を断つように1cm幅に切る。

2 ラム肉は大きければ半分に切り、しょうゆをもみ込んで10分おく。

3 フライパンにごま油を中火で熱して**1**を入れ、**a**を全体に散らして**b**をふる。その上に**2**を広げながらのせ、強火で2〜3分焼く。

4 野菜から蒸気が出てきたら中火にし、上下を返しながら2〜3分いためる。

パプリカの
存在感は大！

パプリカ

1人分の野菜
175g

 パプリカ(黄)
…125g

 サラダ菜
…50g

繊維を斜めに切り、味のなじみよく
パプリカのお浸し

おいしい食べ方

しっとりした**和風の
メニューにもパプリカ
が合います**。特に黄色
やオレンジ色のパプリ
カは甘味が強く、すっ
きりとした香りとやさ
しい色合いで、和風ア
レンジにおすすめです。

繊維を斜めに切るよ
うにせん切りにすると
**味のなじみもよく、食
感もやわらかくなり**、
盛りつけた姿がきれい
です。

材料／2人分

パプリカ(黄)
……… 小2個(250g)
サラダ菜………… 100g

a
水………1/3カップ
しょうゆ‥小さじ4
みりん ‥‥ 小さじ2
削りガツオ
…1パック(5g)

1人分62kcal　塩分1.4g

作り方

1 パプリカは縦に4つに切
り、さらに斜めに薄く切る。
2 なべに湯を沸かして**1**を
1分ゆで、さらに根元を除い
たサラダ菜を加えてひと
混ぜして湯をきる。
3 小なべに**a**を入れて火に
かけ、煮立ったら火を消し、
万能こし器などで濾す。
4 **3**に**2**を加えて10分ほ
どおき、味をなじませる。

１人分の野菜
175g

ねぎ…25g

パプリカ（赤）
…150g

甘辛のみそ味も合う

パプリカの
なべしぎ風

材料／2人分

パプリカ（赤）		
	……………	2個（300g）
ねぎ………		1/2本（50g）
ごま油………		大さじ1
	みそ………	大さじ2
	水…………	大さじ2
a	砂糖………	小さじ2
	かたくり粉	
		………… 小さじ1
七味とうがらし……		適量

1人分160kcal　塩分2.2g

おいしい食べ方

　パプリカは甘辛みそ味との相性もよし。**パプリカから出る甘味**と合わさると、甘辛みそがさらに**濃厚な味に**。ここではパプリカを大きめに切りましたが、1㎝角に切って煮つめるととろみが出て、常備菜向けになります。

　オレンジ色や黄色のパプリカを混ぜて作ると甘味も増して、パンにも合う味に。

作り方

1 パプリカは縦に4つに切り、さらに乱切りにする。ねぎは1㎝長さに切る。

2 a は混ぜ合わせる。

3 フライパンにごま油を中火で熱し、**1**を並べて3〜4分焼く。さらに上下を返すようにして1〜2分いためる。

4 野菜が透き通ってきたら中央をあけ、あけた所に**2**を加えて混ぜながら加熱する。とろみがついてきたら全体に味がからむようにいため、器に盛って七味とうがらしをふる。

色が濃いかうすいかだけ?

緑黄色野菜と淡色野菜の違いは?

―1日350gの内訳は…

1日に食べたい野菜の量は350g。その内訳は「緑黄色野菜120g以上と淡色野菜で計350g」が目標とされます。

野菜は食物繊維の宝庫です。さらに緑黄色野菜にはβ-カロテンやビタミンE、ビタミンCなどのビタミン類のほか、カルシウムや鉄などのミネラルが多く含まれます。一方の淡色野菜は水分やカリウムの供給源で、むくみが気になるときなどは特におすすめ。生で食べられるものが多いのも淡色野菜の利点です。

野菜からとれるおもな栄養素と働き

ビタミンA
目、皮膚、粘膜の健康を保つ。β-カロテンは体内でビタミンAとして働く。

ビタミンE
過酸化脂質の生成をおさえ、細胞の老化やがん化を防ぐとされる。

ビタミンC
皮膚や血管の健康に不可欠。ビタミンEと同様に抗酸化作用もある。

葉酸
ビタミンB群の一つで、胎児の発育に重要。赤血球の生成にも関与して貧血予防に役立つ。

カリウム
ナトリウムとともに細胞の内外の水分を調整して生命活動を支える。筋肉の収縮や弛緩、神経伝達にもかかわる。

食物繊維
腸内環境を改善してお通じをよくしたり、糖やコレステロールの吸収をおさえたりする。

鉄
全身の細胞に酸素を運ぶ赤血球のヘモグロビンを構成する。血液中の酸素を筋肉にとり込む働きもある。

緑黄色野菜の定義は？

ところで、この緑黄色野菜と淡色野菜の違いは何でしょうか。「色が濃い野菜が緑黄色野菜、うすい野菜が淡色野菜」というイメージでしょうか。

しかし、きゅうりやなすなどは外側の色が濃いのですが、淡色野菜になります。それはなぜでしょうか。

厚生労働省の「栄養指導等における留意点」には緑黄色野菜の定義があり、「原則として可食部100gあたりカロテン含量が600μg以上のもの」とされています。ただ、カロテン含量が600μg未満でも、トマトやピーマンなど一部の野菜については、食べる量や食べる頻度が多いことから緑黄色野菜として扱われています（下表）。

緑黄色野菜（抜粋）

あさつき	ししとう	野沢菜
あしたば	しそ（葉、実）	バジル
アスパラガス	春菊	パセリ
いんげんまめ（さやいんげん）	せり	ピーマン
エンダイブ	ターツァイ	ブロッコリー
えんどう類（豆苗、さやえんどう）	大根の葉、貝割れ菜	ほうれん草
おかひじき	高菜	水菜
オクラ	たらの芽	三つ葉
かぶの葉	青梗菜	芽キャベツ
かぼちゃ	つるむらさき	モロヘイヤ
からし菜	とうがらし	ルッコラ
クレソン	トマト、ミニトマト	レタス類（水耕栽培※、サラダ菜、リーフレタス、サニーレタス、サンチュ）
ケール	なずな	
こごみ	なばな	わけぎ
小松菜	にら	※土耕栽培のレタスは淡色野菜
	にんじん	
	ねぎ類（葉ねぎ、小ねぎ）	

1/2 日分はこのくらい

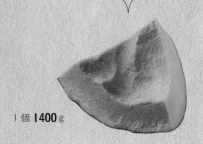

かぼちゃ
175g

1個 **1400**g

かぼちゃ

Pumpkin

こんなに栄養がとれる！

食物繊維
1日の **34**%

ビタミンE
1日の **156**%

ビタミンC
1日の **75**%

β-カロテン、ビタミンE、ビタミンC、食物繊維が豊富。甘くて女性が好む野菜の代表格です。

**鶏肉のうま味をかぼちゃ
に、かぼちゃの香りを鶏肉
に**移しながら揚げ焼きに。
かぼちゃは外はカリカリ、
中はほっくりを楽しめます。
　味つけは**塩と砂糖がベー
ス**で、焼きたてにすぐにか
らめるとほどよくとけます。
スパイスとねぎにも熱が伝
わり、**食欲をそそる香り**が
立ち上がります。

ぺろり♪

と食べるには？

● **甘味を生かす＆利用する**

　かぼちゃは、煮物がおなじみのメニューで
すが、手の込んだ調味をしなくても加熱する
だけで甘くておいしく、電子レンジ加熱との
相性がいいのもうれしいところ。甘い味つけ
にしがちですが、思いきって辛いスパイスや
にんにくをきかせるのも、たっぷり食べられ
るポイントです。

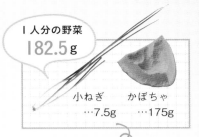

1人分の野菜
182.5g

小ねぎ　　かぼちゃ
…7.5g　　…175g

多めの油でカリカリ、ほっくりに

かぼちゃと鶏手羽肉の スパイス焼き

材料／2人分

かぼちゃ……	皮つき1/4個（350g）
鶏手羽先………	4本（200g）※
小麦粉……………	大さじ2
オリーブ油……………	大さじ4
a 塩…………	小さじ2/3
砂糖…………………	小さじ1/2
カレー粉…………	小さじ1/2
小ねぎの小口切り…………	15g

1人分530kcal　塩分2.1g

※先と骨を除いた正味重量は約100g。

作り方

1 かぼちゃは2cm厚さのくし形切りにし、さらに1切れを2～3等分に切る。鶏肉は先を落として小麦粉をまぶす。

2 フライパンにオリーブ油大さじ1を熱し、かぼちゃを並べて中火にかける。かぼちゃのすき間に鶏肉を並べて残りの油を全体にかけ、3～4分焼いて上下を返し、さらに3～4分焼く。

3 ボールに**2**を入れ、混ぜ合わせた**a**をふりかけて全体にまぶす。器に盛り、小ねぎを散らす。

手羽中

先

かぼちゃ

角切りにした6つの面を香ばしく焼く

かぼちゃの まろやかにんにくいため

1人分の野菜
175g

かぼちゃ
…175g

材料／2人分

かぼちゃ
… 皮つき1/4個（350g）

a｜にんにく……2かけ
　｜ごま油※1…大さじ4

b｜パセリ…………5g
　｜塩………小さじ2/3

酢※2…………大さじ1

1人分397kcal　塩分2.0g

※1　オリーブ油にしてもよい。
※2　レモン果汁にするのもおいしい。

作り方

1 かぼちゃは2cm角に切る。ラップに包んで電子レンジ（600W）で3〜4分加熱し、ラップをはずしてさめるまでおく。

2 にんにくは5mm角に切る。パセリはちぎる。

3 フライパンに**a**を入れて中火にかけ、にんにくがカリカリとなったら火からはずし、**b**を加えて混ぜる。

4 **1**を加えて再度火にかけ、2〜3分いためる。酢を加えて全体にからめる。

I 人分の野菜
175g

かぼちゃ
…175g

辛味をきかせたおすすめの味

かぼちゃの
中国風煮

おいしい食べ方

煮汁に**ごま油と豆板醤**の両方、またはどちらかを加えるだけで、**かぼちゃの煮物ががらりと変わり**ます。また、しょうゆを塩に代えることでも変化が出ます。

旬をはずして、少し甘味やほっくり感の少ないかぼちゃに当たってしまったときも、この中国風煮がおすすめ。煮上げたあと、少しおいて味をなじませます。

材料／2人分

かぼちゃ
　　… 皮つき1/4個（350g）

a		
	水………2/3カップ	
	砂糖……… 大さじ2	
	ごま油…… 大さじ1	
	塩………小さじ1/2	
	豆板 醤…小さじ1/2	
	しょうゆ… 小さじ1	

1 人分224kcal　塩分1.5g

作り方

1 かぼちゃはところどころ皮をむいて4㎝角に切る。

2 小さめのフライパンに**a**を入れて煮立て、**1**を皮を下にして並べる。再度煮立ったら弱火にしてぬらしたキッチンペーパーをかぶせ、ふたをして10分ほど煮る。

3 竹串を刺してすっと通ったら、ふたをはずして火を消し、15分ほどおいて味をなじませる。

1/2日分はこのくらい

もやし1袋
200g

もやし

Bean Sprouts

こんなに栄養がとれる！

食物繊維	カリウム	ビタミンB2
1日の14%	1日の7%	1日の8%

緑豆など豆から発芽するので、豆そのものが含むビタミンB群、食物繊維、カリウムなどを含みます。アスパラギン酸が多いのも特徴です。

おいしい食べ方

豚バラともやしの相性のよさはおなじみですが、**バター&カレーを組み合わせる**ことで、もやし特有の根のにおいや酸味がカバーされ、味にもボリュームが出ます。豚肉にからめたかたくり粉が手伝って、もやしにしっかりからむので、あっさり味のイメージの**もやしが、がっつり、こってり味**になります。

  と食べるには？

● **短時間加熱で栄養キープ**

アスパラギン酸は発芽のさいに産生されるアミノ酸で、エネルギー源として最も利用されやすいのが特徴です。熱に弱いので、電子レンジ加熱や、ごく短時間での加熱がおすすめ。短時間加熱でもやしの食感も生きます。

もやしのひげ根とりは手間ですが、少しでも除いておくと、根の独特なにおいが抜けて、段違いの味わいになります。

1人分の野菜
175g

小ねぎ…25g

もやし…150g

もやし料理をがっつり味に

もやしと豚肉の
カレーバター蒸し

材料／2人分

もやし	大1袋（300g）
小ねぎ	50g
豚バラ薄切り肉	200g
a しょうゆ	大さじ2
カレー粉	小さじ1/2
かたくり粉	小さじ1
水	大さじ2
バター	20g

1人分518kcal　塩分2.9g

作り方

1 もやしはひげ根を除く（100ページ **Point**）。小ねぎは5cm長さに切る。

2 豚肉は8cm幅に切り、**a**をもみ込む。

3 フライパンに**1**を入れて平らにならし、その上に**2**を並べる。水をふってバターを散らす。

4 ふたをして中火にかけ、ふつふつとしてきたらそのまま5分蒸し焼きにする。

もやし

作りおき
OK!
冷蔵で
1週間

電子レンジ加熱で時短、栄養も逃さない

酢もやし

1人分の野菜
200g

もやし…200g

材料／2人分

もやし…… 2袋（400g）
　砂糖……… 大さじ2
a　酢………… 大さじ3
　塩………… 小さじ1

1人分56kcal　塩分2.1g

作り方

1 もやしはひげ根を除く。
2 耐熱皿に入れて**a**をかけ、ふんわりとラップをかける。電子レンジ（600W）で3分加熱し、上下を返すように混ぜて味をなじませる。

・辣油（らーゆ）少量を加えたり、仕上げにしょうがのせん切りや香菜（しゃんつい）などを添えるのもよい。

おいしい食べ方

　短時間でできる、常備菜にもなるおかずです。**電子レンジ加熱なので手間もなく栄養も逃さず、作りおきにしても食感はパリパリ**です。シンプルな甘酢味なので、作りおいたものを、ゆでた鶏肉や鶏肉のから揚げにのせたり、豚肉のしょうが焼きに添えたり、ラーメンの具にしたりなど、**幅広く活用できます**。

Point

ひげ根を折って除くと、もやしくささがなくなります。目立つひげ根をとるだけでも効果あり。

1人分の野菜
200g

もやし
…200g

半生加熱で食感を生かす

もやしのやみつきあえ

おいしい食べ方

おかずだけでなく、おつまみとしても**たっぷり食べられるようにアレンジ**しました。

ポイントは、**ゆでずに熱湯に浸す**ことと、**ごま油をからめる**こと。もやしを半生に加熱することでパリパリ食感を生かし、特有のにおいを除きます。ごま油は香りづけと水っぽさの防止に。少量ですが、その効果は絶大です。

材料／2人分

もやし……	2袋（400g）
ごま油…………	大さじ1

a	おろしにんにく	
	…………	1/4かけ分
	砂糖………	小さじ2
	塩…………	小さじ1/2
	しょうゆ…	小さじ1
	こしょう……	5ふり

すり白ごま…… 大さじ1

1人分123kcal　塩分1.9g

作り方

1 もやしはひげ根を除く。
2 なべにたっぷりの水を入れて沸かす。**1**を加えていったん湯の中に沈め、火を消して1分ほどおく。
3 ざるにあげて手早く湯をきり、ボールに入れる。熱いうちにごま油をからめる。
4 あら熱がとれたら**a**を加えてあえ、ごまを加えて全体をさっと混ぜる。

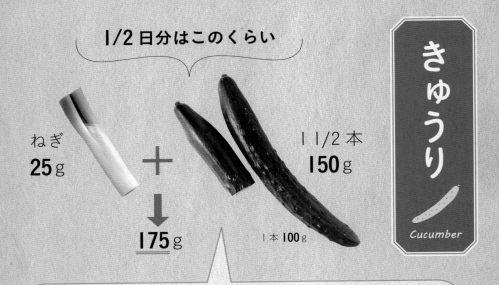

1/2日分はこのくらい

ねぎ
25g

＋

11/2本
150g

↓

175g

1本 100g

きゅうり
Cucumber

こんなに栄養がとれる！　きゅうり150gあたり

カリウム
1日の 15%

ビタミンC
1日の 21%

水分
約 **95**%

水分が95%以上。ビタミンCやカリウムを多く含みます。むくみがちな人は、たくさん食べたい野菜です。

おいしい食べ方

　きゅうりは**しょうゆ味で煮てもおいしい**。皮の部分はどうしても青くささが残り、味なじみを悪くするので、ピーラーで少しむきます。**温かいままも**よいのですが、**冷たくしてそうめんなどといっしょ**に食べるのも夏のお楽しみに。わさびを添えると、お酒にもよく合います。

ぺろり♪ と食べるには？

● いため物や煮物もおすすめ

　エネルギーが低いきゅうりは栄養がないといわれてきましたが、ダイエットに有効な成分（ホスホリパーゼ）を含むとして、近ごろ注目されています。

　生野菜として、加熱調理をしなくても食べられる手軽さが利点の野菜ですが、いため物や煮物にするのもおすすめ。心地よい食感は生と変わらずに楽しめます。

1 人分の野菜
175g

きゅうり
…150g

白髪ねぎ…25g

少し皮をむいて味をなじませる
きゅうりと鶏肉の梅じょうゆ煮

きゅうり

材料／2人分

きゅうり	3本 (300g)
鶏胸肉 (皮を除く)	150g
塩	少量
かたくり粉	大さじ2〜3
a 梅干し	2個 (20g)
水	2カップ
しょうゆ	大さじ1
みりん	大さじ1
白髪ねぎ	1/2本分 (50g)
練りわさび	適量

1 人分168kcal　塩分2.8g

作り方

1 きゅうりはところどころ皮をむき、4cm長さに切る。

2 鶏肉はそぎ切りにし、塩で下味をつけてかたくり粉をまぶす。

3 梅干しは種を除いてちぎる。

4 なべに **a** を煮立てて **1** を加え、中火で15分煮る。**2** を一枚ずつ加え、弱火で3分煮る。

5 器に盛ってねぎをのせ、わさびを添える。

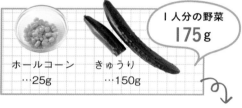

1人分の野菜
175g

ホールコーン … 25g
きゅうり … 150g

水分が多い種の部分を除いて

きゅうりの
やみつきいため

おいしい食べ方

きゅうりの味なじみ
をよくするために、水
分が多い種の部分を少
し除きます。**表面積が
増え、火通りがよくな
る利点もあります。**

にんにくやこしょう
をたっぷりきかせると
やみつき感が増し、**い
くらでも食べられます。**
低エネルギーなのもう
れしいですね。

材料／2人分

| きゅうり … 3本（300g）
| 塩 ………… 小さじ1/4
ホールコーン ……… 50g
にんにくのみじん切り
　………… 2かけ分
ごま油 ……… 小さじ2
　| 水 ……… 大さじ2
a（混ぜる）| かたくり粉
　　| ……… 小さじ1/2
　| しょうゆ … 大さじ1
あらびきこしょう
　………… 5〜6ふり

1人分102kcal　塩分2.2g

作り方

1 きゅうりは塩適量（分量
外）をまぶして板ずりし、
さっと洗う。縦半分に切り、
スプーンなどで少しすくっ
て種を除き、3cm長さに切
る。塩をふる。

2 フライパンにごま油を中
火で熱し、にんにくと**1**を
加える。少し火を強め、木
じゃくしで押しつけるよう
にして2分焼く。

3 コーンを加えて1〜2分
いためる。中央をあけ、あ
けた所に**a**を加えてとろみ
がつくまで混ぜながら加熱
し、こしょうをふる。

作りおき
OK!
冷蔵で
１週間

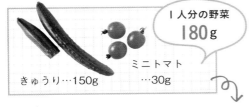

きゅうり…150g

ミニトマト
…30g

１人分の野菜
180g

おいしい食べ方

ピクルスよりも**酸味がおだやかで、ごはんにも合う**味わいです。こんぶのだしとみりんがかもし出す淡いうま味がきゅうりに行きわたり、すっぱくて食べにくいということがありません。

たくさん食べられるよう、塩分も控えめ。酢を加えているので、うす味でもひもちはします。

ぽりぽり食べられる

きゅうりの
だしピクルス

材料／２人分

きゅうり…… ３本（300g）
ミニトマト… ６個（60g）

a
| こんぶ ………… ２cm
| 水 ……… 1/2カップ
| 酢 ……… 大さじ３
| うす口しょうゆ※
| ……… 大さじ２
| みりん…… 大さじ２

１人分74kcal　塩分1.8g

※しょうゆでもよい。

作り方

1 きゅうりは塩適量をまぶして板ずりし、さっと洗う。１本を８等分の細長い乱切りにする。

2 ミニトマトは縦に半分に切る。

3 なべに**a**を入れて中火にかけて２分ほど煮立たせ、**1**を加えてさっと混ぜて火を消す。

4 保存容器に移して**2**を加える。あら熱がとれたら冷蔵庫に入れ、半日以上おく。

1/2日分はこのくらい

かぶの葉
25g

＋

↓

175g

2個 **150**g

かぶ

Turnip

こんなに栄養がとれる！　かぶ（根）150gあたり

カリウム

1日の **21**%

ビタミンC

1日の **29**%

アミラーゼ
（消化酵素）

たっぷり！

ミネラルやビタミン
は少ないのですが、
消化酵素を助ける酵
素を持ちます。
一方、葉はβ-カロテ
ンやカルシウム、鉄
が豊富です。

おいしい食べ方

フライパンにかぶを広げた
ら、**動かさずに焼き色がつく
までしっかり焼き**ます。皮を
むかないので少し火通りに時
間がかかりますが、片面がし
っかり焼ければあとは混ぜる
ようにいためればOK。
**皮を残すことで煮くずれせ
ず、めりはりのある歯ごたえ
に**なります。

ぺろり♪ と食べるには？

● 根も葉もうまく使って

かぶは葉つきの状態で出まわるので、根
も葉も活用することができます。葉は鮮度
が落ちやすいので根と切り分け、早めに使
いたいですね。

根は、生では少し辛味がありますが、火
を通すと、こっくり甘くとろとろとした食
感に。半生加熱にすると、ほかの根野菜に
はないおいしさになります。

葉はアクが少ないので下ゆで不要。くせ
がないので、いろいろな料理に使えます。

1人分の野菜
175g

かぶ…150g

かぶの葉
…25g

皮を残すと煮くずれなし
かぶとエビの いためうま煮

材料／2人分

かぶ…………	皮つき4個（300g）
かぶの葉………………………	50g
無頭エビ………………………	200g
a 塩…………………………	少量
ごま油…………………	小さじ1
かたくり粉…………	小さじ1
しょうが………………………	1かけ
ごま油…………………………	大さじ2
b 水………………………	1/2カップ
オイスターソース…	小さじ2
しょうゆ……………	小さじ2
かたくり粉…………	小さじ2

1人分261kcal 塩分2.2g

作り方

1 かぶは皮つきのまま縦に8つに割る。かぶの葉は5cm長さに切る。

2 エビは殻を除いて背に切り目を入れ、**a**を順にまぶす。

3 しょうがはせん切りにする。

4 **b**は混ぜる。

5 フライパンに半量のごま油を中火で熱し、**2**を並べて両面を1分ずつ焼いてとり出す。

6 残りのごま油を足して**3**を加えていため、香りが立ったら**1**を加える。そのまま2〜3分焼き、上下を返して1〜2分いためる。

7 **5**を戻し入れ、**4**を加えて混ぜながらとろみがつくまで煮る。

かぶ

107

1人分の野菜 200g

かぶの葉 …25g

玉ねぎ …25g

かぶ…150g

レンチンで水分を適度にとばす

かぶとひき肉の グラタン

おいしい食べ方

かぶを角切りにして**電子レンジ加熱**し、水分を適度にとばして味なじみをよくします。じゃが芋に比べ、あっさりしていて、たっぷり食べられるのもよいところ。ミートソースを別に作らず、**肉だねをのせてオーブン焼き**にする間にソースがなじむので**手間もかからず**、味が全体に行きわたります。

材料／2人分

かぶ	…皮つき4個（300g）
塩	小さじ1/4
こしょう	少量
かぶの葉	50g
牛豚ひき肉	150g
玉ねぎ	1/4個（50g）

a
おろしにんにく	1かけ分
小麦粉	大さじ2
トマトケチャップ	大さじ4
塩	小さじ1/3
とろけるチーズ	50g

1人分395kcal　塩分3.5g

作り方

1 かぶは皮つきのまま2cm角に切り、耐熱皿に並べて塩とこしょうをふる。ふんわりとラップをかけ、電子レンジ（600W）で竹串がすっと通るまで5分ほど加熱し、そのままあら熱をとる。

2 かぶの葉は1cmに切る。

3 玉ねぎはみじん切りにしてボールに入れ、ひき肉、**a**を加えてざっくりと混ぜる。

4 耐熱皿に**1**、**3**、**2**を順に重ねてチーズをのせる。220℃のオーブンで25分焼く。

1人分の野菜
175g

かぶの葉
…25g

かぶ…150g

シンプルな調味でかぶの甘味を生かす
かぶと鶏肉のクリーム煮

おいしい食べ方

かぶの甘味を生かすため、バターは使わずに仕上げます。かぶに鶏肉とベーコンの脂をからめ、そのまま牛乳で煮込み、最後にとろみをつけるだけ。塩だけのシンプルな調味が生きます。かぶは**輪切りにすると火の通りがよくなり**、盛りつけたときにも華やかに。

材料／2人分

かぶ … 皮つき4個（300g）
かぶの葉 ………………… 50g

a{
鶏もも肉 … 1枚（250g）
塩 ……… 小さじ1/3
こしょう …… 少量
}

ベーコンの薄切り … 20g
サラダ油 ……… 大さじ1

b{
水 ………… 1カップ
塩 ……… 小さじ1/4
}

牛乳 …………… 1カップ

c{
小麦粉 …… 大さじ2
サラダ油 ‥ 大さじ1
}

塩・こしょう …… 各少量

1人分544kcal　塩分2.3g

作り方

1 かぶは3等分の輪切りに、ベーコンは1cm幅に切る。
2 かぶの葉は4cmに切る。
3 鶏肉は8つに切って**a**をふる。**c**は練り混ぜる。
4 フライパンにサラダ油を熱し、鶏肉を並べて両面を2分ずつ焼いてとり出す。
5 フライパンをきれいにし、**1**を加えて中火で2分いため、**b**を加えて煮立ったらぬらしたキッチンペーパーで落としぶたをし、弱火で10分煮る。牛乳を加え混ぜ、**4**を戻し入れて10分煮る。
6 **c**を加えてとかし、**2**を加えて5分煮る。塩とこしょうで味をととのえる。

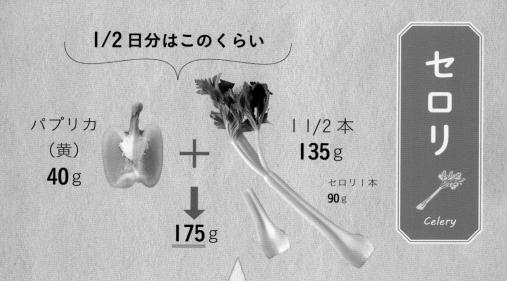

1/2 日分はこのくらい

パプリカ
（黄）
40g

＋

11/2 本
135g

セロリ1本
90g

↓

175g

セロリ
Celery

こんなに栄養がとれる！　セロリ135gあたり

食物繊維　　　カリウム　　　ビタミンC

1日の **11%**　　1日の **28%**　　1日の **9%**

水分は約95%と多く、ビタミンなどは少なめです。セロリの香り成分である「アピイン」には気持ちを落ち着かせる働きがあります。

おいしい食べ方

だしをとらなくても、ちくわのうま味とセロリの味で煮汁のベースが決まります。**セロリの香り**を生かすために、**しょうゆの量は最少限**に。

セロリは20分煮込むことでしっかり味がなじみます。仕上げに**葉を加えるのは薬味として**。1つの野菜で2通りの役割は、とても便利です。

ぺろり♪ **と食べるには？**

● **目新しい和風味に仕立てる**

茎の芯（しん）に近い部分は甘味があり、香りも穏やか。長時間加熱しても甘味が濃くならないのが特徴です。食感や香りの傾向はふきにも似ていて、だしをきかせた和風の料理にとり入れると新鮮です。筋が気になるときは、斜めに断ち切るようにすればOK。

葉は香りが強く、ハーブのように使えます。β-カロテンや食物繊維も含まれます。

1人分の野菜
175g

パプリカ（黄）
…40g　セロリ…135g

洋風の「ふきの煮物」のよう

作りおき
OK!
冷蔵で
1週間

セロリと
ちくわの煮物

セロリ

材料／2人分

セロリ	……………………	3本 (270g)
ちくわ	……………………	3本 (80g)
パプリカ（黄）	………	1/2個 (80g)

	水	…………………	1 1/3カップ
a	みりん	……………	大さじ2
	塩	……………………	小さじ2/3
	しょうゆ	…………	小さじ1

1人分116kcal　塩分2.9g

作り方

1 セロリの葉はちぎり、葉は筋を除いて6㎝長さに切って縦に2つに切る。

2 ちくわは斜め薄切りにする。パプリカはせん切りにする。

3 なべに**a**を入れて中火にかけ、煮立ったらセロリの茎と**2**を加える。ぬらしたキッチンペーパーをかぶせて弱火で20分煮て、セロリの葉を加えて火を消し、余熱で火を通す。

セロリ
（すりおろす
分を含む）
…135g

ミニトマト
…40g

**1人分の野菜
175g**

セロリが味を作る

セロリとエビ団子のスープ

おいしい食べ方

エビにセロリの組み
合わせは、アジアンテ
イストをかもし出しま
す。セロリは具材のほ
かに**スープ作りにもひ
と役買います。すりお
ろしたセロリ**を加える
ことでスープの**味わい
が格段に上がり**、塩分
が具材にからんで食べ
やすくなります。

材料／2人分

セロリ…… 2本（180g）

a	むきエビ…… 100g
	豚ひき肉…… 100g
	かたくり粉… 大さじ1
	砂糖……… 小さじ2
	塩……… 小さじ1/4
	しょうゆ…小さじ2
	ごま油…… 小さじ1

ミニトマト… 8個（80g）

b	セロリ‥ 1本（90g）
	水……… 2カップ
	ナンプラー… 大さじ2/3
	赤とうがらしの小口
	切り……… 1本分

ごま油……… 大さじ1

1人分300kcal　塩分3.4g

作り方

1 セロリの葉はちぎり、茎
は筋を除いて5cm長さに切
って縦に2つに切る。

2 むきエビはあらく刻み、
aのそのほかの材料とよく
混ぜる。

3 **b**のセロリはすりおろす。

4 なべにごま油を中火で熱
し、セロリの茎を加えて2
～3分いためる。**b**を加え、
煮立ったら弱火にして5分
煮る。

5 **2**をスプーンですくって
は加え、ミニトマトを加え
て12分ほど煮る。セロリの
葉を加えて火を消す。

・好みで、食べるときにレモ
ンを搾って加えても。

112

１人分の野菜
185g

セロリ
…135g

トマト
…50g

おいしい食べ方

　塩水をからめ、下味をつけて脱水させ、**セロリのうま味を凝縮させてからいためます。**加熱でうま味が濃くなるトマトといため合わせると、牛肉やバターに負けない味わいの濃さに。調味のベースはしょうゆですが、和洋中どれにもあてはまらない、セロリが生きる味わいです。

塩水をからめて味を凝縮

セロリと牛肉のバターじょうゆいため

材料／２人分

セロリ……		３本（270g）
a	塩………	小さじ1/2
	水………	大さじ３
	牛肩ロース薄切り肉	
	……	200g
b	しょうゆ…	小さじ１
	砂糖……	小さじ１
	かたくり粉…	小さじ２
トマト…		大1/2個（100g）
サラダ油……		小さじ２
しょうゆ……		小さじ1/2
バター……		10g

１人分441kcal　　塩分2.5g

作り方

1 セロリの葉はちぎり、茎は斜めに８mm幅に切る。**a** と混ぜて10分おき、汁けを絞る。

2 牛肉は一口大に切り、**b** をもみ込み、かたくり粉をまぶす。

3 トマトは角切りにする。

4 フライパンにサラダ油を中火で熱し、**2** を広げながら並べて両面を１分ずつ焼いてとり出す。

5 **4** のフライパンに **1** と **3** を入れて２分焼き、上下を返して１〜２分焼く。**4** を戻し入れてしょうゆとバターを加え、強火にして味をからめる。

トマトが煮くずれるまでいためるのがコツ

パプリカ、ズッキーニ、トマトのミネストローネ

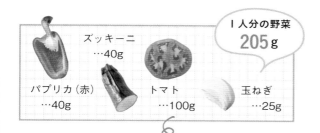

1人分の野菜
205g

ズッキーニ
…40g

パプリカ（赤）
…40g

トマト
…100g

玉ねぎ
…25g

おいしい食べ方

スープのもとを使わず、野菜のうま味だけで仕上げる汁物は、トマトの扱い方が決め手に。トマトを加えたらすぐに水分を加えず、**トマトが煮くずれるまで充分にいためて**うま味を濃縮させるのがポイントです。

ソテーした魚介を加えたり、チーズや牛乳を加えたりすると、ビストロ風の一品に。

材料／2人分

パプリカ（赤）
………… 1/2個（80g）
ズッキーニ‥ 1/2本（80g）
玉ねぎ……… 1/4個（50g）
トマト…… 1個（200g）
ベーコンの薄切り
………… 3枚（60g）
にんにく………… 1かけ
オリーブ油…… 大さじ2
a｜水… 2〜21/2カップ
　｜塩………… 小さじ1

1人分284kcal　塩分3.6g

作り方

1 パプリカ、ズッキーニ、玉ねぎはそれぞれ1.5cm角に切る。にんにくは6等分に切る。

2 トマトは2〜3cm角に、ベーコンは5mm幅に切る。

3 なべにオリーブ油を入れて中火で熱し、**1**を加えて2分いためる。全体に透き通ってきたらトマトを加え、くずれるまで2分ほどいため、ベーコンと**a**を加えて煮立てる。

4 アクを除いて弱火にし、15〜20分煮る。

栄養バランスも最強

蒸し野菜のサラダ
ヨーグルトドレッシングかけ

◆ 野菜のいいとこどり ◆

栄養バランスをよくするために、いろいろな野菜を組み合わせた料理は、一見おいしくなるように感じますが、意外な落とし穴が。多種類の野菜を加えると、それぞれの野菜に合った火の通し方が考えにくくなり、やわらかくするだけになったり、野菜のおいしさや香りを逃してしまったり。

また、変化を持たせたつもりでも、いつも同じ味になってしまうことはありませんか?

組み合わせにするならば、野菜は3〜4種までに。さらに、火を通すタイミングを一度にではなく、2回くらいに分けて考えると、それぞれの味わいを生かすことができます。

1人分の野菜
175g

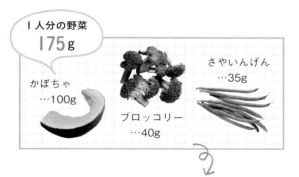

かぼちゃ
…100g

ブロッコリー
…40g

さやいんげん
…35g

おいしい食べ方

かぼちゃとブロッコリーをベースにすると**栄養バランスは最強**。かなりボリューム感のあるサラダです。

さやいんげんの代わりにパプリカやスナップえんどう、大きめに切ったトマトでもよいですね。**温かいまま**はもちろん、**蒸し汁ごと冷やしても**。ドレッシングをからめて作りおきにするのもおすすめです。

材料／2人分

かぼちゃ………	皮つき200g
ブロッコリー………	80g
さやいんげん………	70g
a サラダ油…	大さじ1
塩………………	少量
にんにく………………	適量
b プレーンヨーグルト	…大さじ3 (45g)
塩…………	小さじ1/2
酢…………	小さじ1
オリーブ油…	小さじ1

1人分203kcal　塩分1.8g

作り方

1 かぼちゃはところどころ皮をむき、3〜4㎝角に切る。

2 ブロッコリーは大きめの小房に分ける。いんげんはへたを切り除く。

3 フライパンに**1**を並べて水1/4カップを注ぎ入れ、**a**を加えてふたをし、中火にかける。煮立ったら弱火にして7分、**2**を加えて2分蒸し焼きにする。火を消し、そのまま5分蒸らす。

4 ボールににんにくの切り口をこすりつけ、**b**を入れて混ぜる。

5 器に**3**を盛り合わせ、**4**をかける。

主菜兼副菜の具だくさん汁

大根、にんじん、ごぼうの豚汁

野菜の香味に
みそとしょうゆのこくが
よく合います

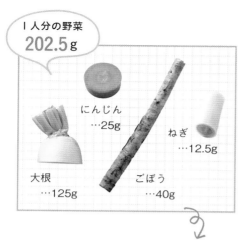

1人分の野菜
202.5g

にんじん
…25g

ねぎ
…12.5g

大根
…125g

ごぼう
…40g

おいしい食べ方

野菜を先にいためて水分を抜き、**香りを引き出してから**豚肉を加えていためると、肉はやわらかく、汁に充分なうま味と甘味が残ります。味のベースはみそとしょうゆで、適度なこくと香りのいいとこどりを。

汁は少なめで、具だくさんにすることで、**主食とこれ一品で軽い食事**になる汁物です。

材料／2人分

大根
　… 1/4〜1/5本 (250g)
にんじん……1/3本 (50g)
ごぼう…… 小4/5本 (80g)
豚バラ薄切り肉…… 100g
ごま油………… 小さじ2
a　水…… 3 1/2カップ
　こんぶ…… 3×3㎝
しょうゆ……… 大さじ2
みそ……… 大さじ1〜2
ねぎ………1/4本 (25g)

1人分327kcal　塩分3.8g

作り方

1 大根とにんじんは8㎜厚さのいちょう切りにする。
2 ごぼうはよく洗ってスプーンでざっと皮をむく。笹がきにして水に5分ほどさらし、水けをよくきる。
3 豚肉は5〜6㎝幅に切る。
4 ねぎは小口切りにし、飾り用に少量をとりおく。
5 なべにごま油を中火で熱し、ごぼう、大根、にんじんの順に加えてはいため、さらに2分ほど、全体を充分にいためる。
6 **3**を加えて色が変わるまでいためる。**a**を加え、煮立ったらアクを除いてしょうゆを加え、弱火で10〜12分煮る。
7 みそをとき入れ、ねぎも加えてしんなりとなるまで3分ほど煮る。
8 器に盛り、飾り用のねぎをのせる。

マリネ仕立てで目新しく

角切り野菜と
刺し身のマリネ

お好みの刺し身で
ぜひ作ってみて。
ひもちするのも便利♪

1人分の野菜
195g

パプリカ（黄）
…20g

トマト
…100g

紫玉ねぎ
…20g

ズッキーニ
…25g

サラダ菜
…30g

おいしい食べ方

ラタトゥイユに使う**ような野菜を生のまま角切りにし、マリネのベース**にします。

しょうゆとわさびだけでは食べ飽きてしまいがちな刺し身も、マリネ仕立てで**野菜の歯ごたえと甘味と酸味が目新しく**、ひもちもします。タイやホタテ、サーモンなどとの組み合わせがおすすめです。

材料／2人分

トマト…… 1個（200g）
パプリカ（黄）
　…………1/4個（40g）
ズッキーニ
　…………1/3本（50g）
紫玉ねぎ
　……… 小1/4個（40g）
ケーパー……… 大さじ1
a　オリーブ油
　………… 大さじ2
　白ワインビネガー※1
　………… 大さじ1
　塩………… 小さじ1/2
　刺し身（好みのもの。
　　さくどり）※2… 200g
　塩………………… 少量
サラダ菜…………… 60g

1人分306kcal　塩分2.0g

※1　酢でもよい。
※2　タイやサーモンなど。

作り方

1 トマト、パプリカ、ズッキーニ、紫玉ねぎはそれぞれ8mm角に切る。ケーパーはあらく刻む。**a**と合わせてよく混ぜ、冷蔵庫に30分ほどおく（野菜のマリネ）。

2 刺し身はそぎ切りにして塩をふり、ラップをかけて冷蔵庫に30分ほどおく。

3 2に**1**をかけてなじませ、さらに冷蔵庫に30分以上おく。

4 器にちぎったサラダ菜を敷き、刺し身をとり出して並べる。その上に野菜のマリネを盛る。

・好みで、練りわさびなどの辛味を添えるのもよい。

炊飯器で手軽に作る

野菜たっぷり
カオマンガイ

カオマンガイとは？

　東南アジアの屋台料理として
人気の、鶏肉の炊き込みごはん。
タイ語で、「カオ」はごはん、「ガ
イ」は鶏肉を意味します。
　タイではナンプラーで調味しま
すが、身近なしょうゆで代用しま
した。また、生野菜を添えるのは
タイもいっしょですが、ここでは
ごはんにトマトを炊き込みました。

1人分の野菜
190g

トマト
…100g

きゅうり
…50g

パプリカ（赤）
…40g

おいしい食べ方

トマトの**種のまわりのゼリー状の果汁**は、**うま味成分**のグルタミン酸。ゼラチン質が多い鶏もも肉と合わせてごはんに炊き込めば、**おいしさのいいとこどり**です。

みずみずしいきゅうりやパプリカを添えれば、うま味、食感、栄養バランスもよくなります。炊飯器1つでできるのもうれしい一品です。

材料／2人分

トマト…… 1個（200g）
鶏もも肉… 1枚（250g）
塩………… 小さじ1/4
こしょう………… 少量
米………… 2合（300g）
a│ 水…… 1 1/2カップ
 │ 塩……… 小さじ1/2
きゅうり… 1本（100g）
パプリカ（赤）
 ………… 1/2個（80g）
b│ しょうがのみじん切り
 │ ………… 2かけ分
 │ しょうゆ… 大さじ2
 │ 砂糖……… 大さじ1
 │ 酢………… 大さじ1
 │ 赤とうがらしの小口
 │ 切り……… 1本分

1人分866kcal　塩分5.1g

作り方

1 米はといでざるにあげ、30分ほどおく。
2 トマトは半分に切る。
3 鶏肉は余分な脂を除いて筋を切り、塩とこしょうをふる。
4 **1**を炊飯器の内釜に入れて**a**を加え、米に**2**を埋める。**3**をのせ、そのまま普通に炊く。
5 きゅうりとパプリカはそれぞれせん切りにする。
6 **4**が炊き上がったら鶏肉をとり出し、トマトをつぶしながら上下を返すように混ぜる。鶏肉はそぎ切りにする。
7 器にごはんを盛る。鶏肉と**5**を添え、**b**を混ぜ合わせてかける。

炊き込んだまるごとトマトで
うま味たっぷり。鶏肉もやわらか

食物繊維総量	カリウム	カルシウム	鉄	ビタミンA	ビタミンE	葉酸	ビタミンC	食塩相当量	
g	mg	mg	mg	μg	mg	μg	mg	g	
2.1	702	32	2.3	75	1.9	61	27	1.9	
5.4	952	120	2.7	208	5.1	137	39	3.1	＊1
2.1	748	54	0.8	90	3.5	47	26	2.5	
2.4	429	30	0.6	96	1.8	58	27	1.3	
3.4	457	38	0.9	99	1.7	52	30	2.6	
6.8	537	101	2.2	32	3.2	160	77	3.1	
3.4	633	117	2.9	61	0.9	157	76	2.9	
5.2	708	100	1.8	23	1.5	118	56	2.7	
3.5	369	81	0.8	9	1.1	137	72	1.5	
3.5	423	73	0.6	123	0.4	117	59	2.1	＊2
4.1	855	46	1.8	65	3.8	81	11	2.9	＊3
4.8	835	44	1.1	40	4.1	84	13	2.6	
6.1	764	66	2.7	25	2.8	62	12	2.0	
5.3	484	138	1.7	14	0.6	77	7	1.9	＊4
4.3	446	38	0.8	15	0.8	60	7	2.8	
2.8	895	58	1.9	50	2.0	79	26	3.1	＊5
2.7	751	63	1.4	40	0.7	83	27	2.7	＊6
2.4	404	88	0.6	50	1.7	52	18	1.9	
2.6	415	42	0.4	173	0.1	55	18	1.5	＊7
3.5	505	114	1.2	220	0.5	89	28	2.0	
4.0	843	105	1.5	102	1.6	143	46	2.5	
4.3	817	161	1.1	155	2.7	154	39	3.2	
2.7	767	94	1.3	56	1.1	138	41	2.8	＊8
2.4	475	145	0.9	38	0.6	117	33	2.0	
3.6	520	95	1.0	17	1.7	110	36	1.7	
3.3	1017	294	3.6	306	3.7	142	45	3.9	
5.6	1041	283	5.3	435	4.8	181	53	3.7	
3.2	645	234	3.0	219	1.3	118	35	2.3	
5.8	1141	180	4.0	527	3.3	347	56	0.9	
4.4	1023	68	2.7	478	3.4	282	60	1.1	
0.2	33	2	0.0	5	0.2	3	2	0.1	
0.0	8	5	0.1	4	0.8	1	0	0.2	
0.2	17	2	0.1	0	0.0	0	0	1.1	
0.3	74	7	0.2	27	0.2	12	2	1.0	
0.7	44	10	0.4	0	0.1	6	0	1.1	
0.1	19	14	0.2	9	0.1	2	0	0.2	
0.4	36	11	0.4	5	1.0	6	0	1.3	

＊5…煮汁50%摂取で算出　＊6…煮汁80%摂取で算出　＊7…調味液50%摂取で算出　＊8…煮汁80%摂取で算出

・「日本食品標準成分表2015年版（七訂）」（文部科学省）に基づいています。同書に記載がない食品は、
　それに使い食品（代用品）の数値で算出しました。
・ビタミンAはレチノール活性当量、ビタミンEはα-トコフェロールの数値です。
・特に記載がない場合は1人分（1回分）あたりの成分値です。

ページ	メニュー名	エネルギー	たんぱく質	脂質	炭水化物
		kcal	g	g	g
13	トマトと牛肉の黒こしょういため	413	19.1	29.3	15.0
14	トマトとごぼうの豚すき	573	21.4	38.2	29.6
16	トマトたっぷりアクアパッツァ	302	19.1	18.4	10.6
18	トマトのたたき風	83	2.3	4.2	10.4
19	おろしトマトのそうめん	231	6.8	2.7	44.0
21	キャベツたっぷりペペロンチーノ	645	18.8	33.5	65.2
22	キャベツとアサリと鶏肉のバター蒸し	234	15.8	13.4	10.4
24	塩もみキャベツのつくね	409	21.8	23.8	25.0
26	焼きキャベツ	156	2.4	12.5	10.0
27	キャベツの水キムチ	80	2.5	0.4	19.1
29	なすと鶏肉の焼き浸し	533	26.1	36.1	20.4
30	焼きなすと蒸し鶏のエスニックマリネ	462	24.7	31.2	17.6
32	なすの角切りカレー	380	16.5	25.7	19.9
34	なすのごまみそ煮	176	5.1	10.9	16.4
35	レンチンなすの梅わさびだれ	70	2.6	2.4	11.1
37	ブリ大根	412	23.5	23.8	17.5
38	大根と丸め豚肉の角煮風	484	16.8	35.7	18.2
40	大根とカニかまのクリームチーズマヨサラダ	209	6.3	14.6	13.5
42	大根とにんじんの半月切りなます	57	0.8	0.2	13.2
43	レンチン大根のねぎだれかけ	101	3.2	4.4	12.3
45	白菜と豚肉のキムチいため	352	14.5	26.9	10.5
46	塩もみ白菜とエビのとろみいため	214	21.4	6.6	18.5
48	白菜と鶏肉の黒こしょう煮	256	18.8	14.4	10.2
50	せん切り白菜のカリカリじゃこあえ	227	6.4	19.2	6.8
51	白菜とりんごのサラダ	203	6.0	12.6	17.3
53	小松菜とサケのみそマヨ蒸し	306	31.1	15.1	10.8
54	小松菜のチヂミおろしだれ	461	20.9	27.2	29.6
56	青梗菜の豚しゃぶサラダ	367	16.5	29.1	8.9
58	ほうれん草のオイルあえ	207	5.7	17.0	10.2
59	ほうれん草とミニトマトのガーリックいため	83	3.5	4.6	8.8
60	トマトサルサ（大さじ1あたり）	16	0.1	1.1	1.4
60	ハニーマスタードマヨ（大さじ1あたり）	67	0.4	6.0	3.1
60	梅だれ（大さじ1あたり）	60	0.2	6.0	1.0
61	にらだれ（大さじ1あたり）	22	0.7	1.6	1.0
61	しょうがみそ（大さじ1あたり）	35	1.1	1.2	5.2
61	豆腐クリームチーズ（大さじ1あたり）	23	1.1	1.8	0.4
61	みそマヨ（大さじ1あたり）	79	1.4	7.3	2.0

＊1…煮汁50％摂取で算出　　＊2…調味液50％摂取で算出　　＊3…調味液80％摂取で算出　　＊4…煮汁80％摂取で算出

食物繊維総量	カリウム	カルシウム	鉄	ビタミンA	ビタミンE	葉酸	ビタミンC	食塩相当量	
g	mg	mg	mg	μg	mg	μg	mg	g	
8.7	1084	96	2.6	145	5.5	313	214	2.2	
8.7	1023	108	3.6	104	4.5	333	183	2.9	
10.2	729	118	2.0	98	4.7	293	180	1.1	
6.0	662	60	1.6	99	3.8	237	154	2.0	
5.3	991	166	3.5	420	2.7	141	11	3.2	＊9
4.5	863	51	2.2	78	3.0	170	97	2.2	
2.3	384	37	0.5	203	1.4	117	14	3.0	
2.3	385	41	0.7	32	0.5	129	11	1.5	
5.3	884	152	1.5	1315	3.6	60	12	1.4	
4.3	841	64	1.7	735	1.1	45	14	4.0	＊10
5.0	560	53	0.5	1296	2.3	39	11	1.8	＊11
3.9	459	45	0.4	1042	1.7	53	10	3.1	
2.9	530	43	1.7	7	0.4	34	13	1.8	
2.8	749	42	1.6	13	1.0	50	14	2.7	
2.6	305	34	0.7	52	0.2	30	15	1.5	
3.3	416	43	0.8	39	1.4	48	23	1.6	
5.0	798	41	2.0	85	5.6	148	264	2.0	
3.9	793	33	3.5	140	7.0	120	260	3.0	
2.8	528	40	1.9	134	4.2	106	195	1.4	＊12
3.9	434	38	1.4	134	6.6	132	259	2.2	
6.7	934	48	1.4	620	10.8	88	80	2.1	
6.9	866	36	1.2	593	8.8	88	79	2.0	
6.2	799	28	0.9	579	8.6	74	75	1.5	＊13
2.8	506	53	1.6	111	1.1	100	24	2.9	
2.6	141	21	0.4	0	0.2	82	16	2.1	＊14
3.2	175	70	0.9	0	0.2	90	16	1.9	
2.5	666	57	1.0	50	0.7	67	27	2.8	＊15
3.1	421	44	0.8	43	0.5	54	23	2.2	
2.1	440	47	0.8	66	0.7	52	31	1.8	＊16
3.1	752	160	1.4	58	2.0	115	49	2.2	
4.4	912	272	2.6	144	2.1	122	55	3.5	
3.2	1055	223	1.9	148	3.4	122	57	2.3	
2.5	683	63	0.8	12	1.4	63	69	2.9	＊17
2.6	974	98	1.2	42	1.6	66	25	3.4	
2.5	940	63	1.4	61	1.8	59	18	2.5	
2.8	551	27	0.9	95	3.9	72	104	3.6	
6.4	765	79	1.3	385	7.1	150	102	1.8	
5.3	735	74	1.6	179	0.7	96	19	3.8	
2.6	903	46	1.9	158	4.4	74	58	2.0	
3.2	990	44	2.8	144	3.8	103	94	5.1	

で算出　＊16…漬け液70％摂取で算出　＊17…煮汁80％摂取で算出

ページ	メニュー名	エネルギー	たんぱく質	脂質	炭水化物
		kcal	g	g	g
63	ブロッコリーと鶏肉のレモン煮	401	28.6	24.8	18.0
64	ブロッコリーと牛肉のみそいため	542	26.5	34.6	29.0
66	焼きブロッコリーのおろしマヨネーズ	165	7.7	10.2	14.9
67	刻みブロッコリーのクスクス風サラダ	140	9.7	7.6	11.8
69	レタスのブリしゃぶ	457	28.4	29.8	17.9
70	鶏肉のナッツいため　レタス包み	376	25.4	21.7	22.0
72	レタスのもみ漬け	104	1.2	6.2	11.9
73	ゆでレタスのオイスターソースかけ	78	2.3	4.2	8.8
75	にんじんの肉巻き豚カツ	549	28.8	32.5	31.8
76	にんじんとスペアリブのマスタード煮込み	581	22.1	40.2	32.7
78	焼きにんじんのマリネ	191	1.6	13.0	17.3
79	にんじんのパスタ風ラペ	190	1.4	12.2	18.8
81	玉ねぎとひき肉のレンチン蒸し	291	16.3	15.6	20.6
82	玉ねぎたっぷり豚肉のしょうが焼き	422	24.6	27.2	16.6
84	玉ねぎのレンチンバター蒸し	144	2.5	8.3	15.9
85	玉ねぎのステーキ	188	2.7	12.2	17.9
87	パプリカの肉詰め　レンチン蒸し	277	17.2	13.7	21.5
88	パプリカとラムのいため物	370	20.3	23.6	18.1
90	パプリカのお浸し	62	3.8	0.5	10.9
91	パプリカのなべしぎ風	160	4.1	7.4	21.0
95	かぼちゃと鶏手羽肉のスパイス焼き	530	12.8	32.6	44.3
96	かぼちゃのまろやかにんにくいため	397	4.1	24.6	39.2
97	かぼちゃの中国風煮	224	3.5	4.7	42.6
99	もやしと豚肉のカレーバター蒸し	518	19.0	43.8	8.3
100	酢もやし	56	3.4	0.2	11.8
101	もやしのやみつきあえ	123	4.5	8.4	9.5
103	きゅうりと鶏肉の梅じょうゆ煮	168	19.3	1.6	18.4
104	きゅうりのやみつきいため	102	3.4	4.4	13.1
105	きゅうりのだしピクルス	74	2.9	0.2	13.5
107	かぶとエビのいためうま煮	261	18.2	14.5	13.7
108	かぶとひき肉のグラタン	395	22.1	21.3	26.9
109	かぶと鶏肉のクリーム煮	544	27.9	38.0	19.8
111	セロリとちくわの煮物	116	6.0	1.0	19.3
112	セロリとエビ団子のスープ	300	20.1	16.9	15.7
113	セロリと牛肉のバターじょうゆいため	441	17.5	34.6	11.7
115	パプリカ、ズッキーニ、トマトのミネストローネ	284	6.1	24.0	12.3
116	蒸し野菜のサラダ　ヨーグルトドレッシングかけ	203	5.5	9.3	26.2
118	大根、にんじん、ごぼうの豚汁	327	11.3	22.4	18.0
120	角切り野菜と刺し身のマリネ	306	25.3	17.7	10.3
122	野菜たっぷりカオマンガイ	866	33.0	19.4	132.2

＊9…ゆで汁10％摂取、ごまだれ80％摂取で算出　＊10…煮汁50％摂取で算出　＊11…油、漬け液70％摂取で算出
＊12…漬け液80％摂取で算出　＊13…煮汁70％摂取で算出　＊14…調味液70％摂取で算出　＊15…煮汁80％摂取

著者プロフィール

小田真規子 おだ・まきこ
（レシピ＆料理・スタイリング・お話）

料理研究家・栄養士。女子栄養大学短期大学部卒業後、
アシスタントを経て料理研究家に。「健康に配慮した、誰
もが作りやすく、おいしい家庭料理」をテーマに、雑誌や
テレビ、webなどでオリジナルレシピを紹介し、手軽な作りおきや、料理の
基本などの著書は100冊を超える。身近な材料を生かしたわかりやすいレシ
ピが、年代を問わず支持を得る一方で、企業への料理レシピアドバイザーや、
販促などをサポートするフードコーディネーターとしても活躍中。
著書に『つくりおきおかずで朝つめるだけ！弁当1〜4、Best版』（扶桑社）、
『料理のきほん練習帳1・2』（高橋書店）ほか。

インスタグラム
やっています

https://www.instagram.
com/studionutsnuts/?hl=ja

Staff

料理撮影●柿崎真子
調理アシスタント●小林優子（スタジオナッツ）
　　　　　　　　錦部優実（スタジオナッツサポートスタッフ）
　　　　　　　　山辺達子（スタジオナッツサポートスタッフ）
デザイン・イラスト●木村陽子
人形制作・撮影●石橋瑠美（クラッカースタジオ）
栄養価計算●五戸美香（スタジオナッツ）
校閲●くすのき舎
編集協力●木山京子

1日の半量が1皿で！

1/2日分の野菜レシピ

2021年2月25日　初版第1刷刊行

著　者 ■ 小田真規子
発行者 ■ 香川明夫
発行所 ■ 女子栄養大学出版部
　〒170-8481　東京都豊島区駒込3-24-3
　電話　03-3918-5411（販売）　03-3918-5301（編集）
　URL　https://eiyo21.com/
振　替 ■ 00160-3-84647
印刷・製本 ■ シナノ印刷株式会社

ISBN 978-4-7895-4836-6
©Oda Makiko 2021　Printed in Japan